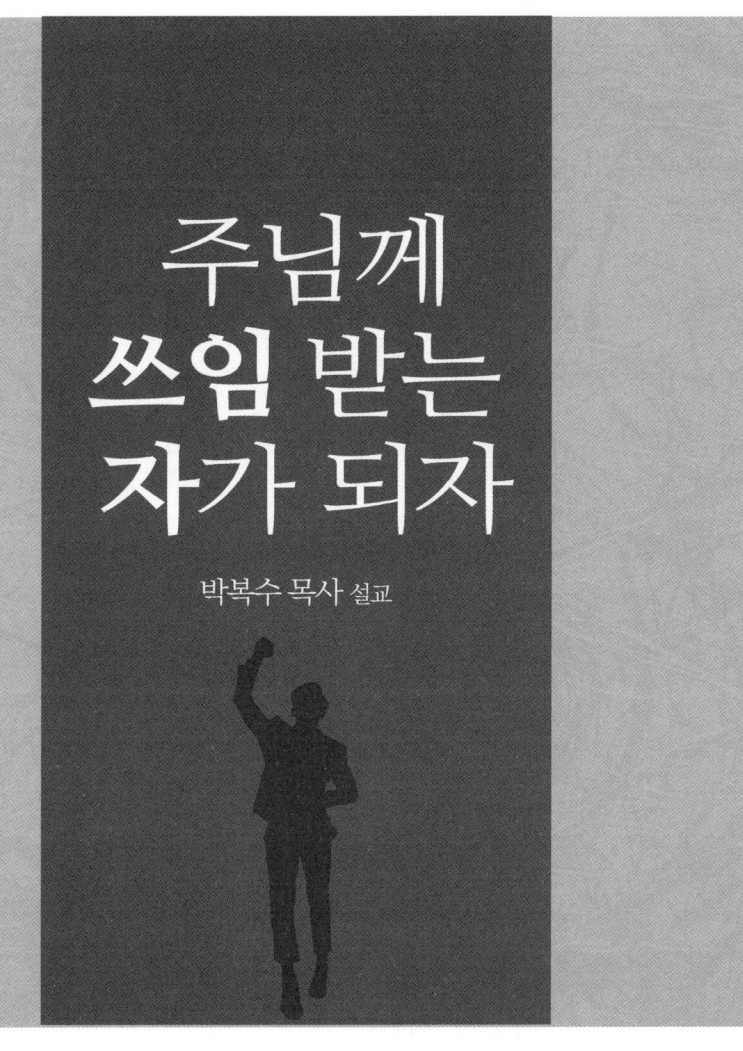

주님께 쓰임 받는 자가 되자

박복수 목사 설교

문서사역
종려가지

주님께 쓰임 받는 자가 되자

1판 인쇄일: 2020년 1월 30일
1쇄 발행일: 2020년 2월 5일

지은이_박복수
펴낸이_한치호
펴낸곳_종려가지
등록_제311-2014000013호(2014.3.21.)
주소_서울특별시 은평구 은평로14길 9-5
전화_02)359.9657
디자인 내지_구본일
디자인 표지_이순옥
제작대행_세줄기획(02.2265.3749)
영업대행_두돌비(02.964.6993)

ISBN 979-11-87200-81-9 03230

ⓒ2019, 박복수

값 11,000 원

이 도서의 국립중앙도서관 출판예정도서목록(CIP)은 서지정보유통지원시스템 홈페이지(http://seoji.nl.go.kr)와 국가자료종합목록 구축시스템(http://kolis-net.nl.go.kr)에서 이용하실 수 있습니다.(CIP제어번호 : CIP2020002349)

머리말

주님께 쓰임 받는 자가 되자

눅 19:31, "만일 누가 너희에게 어찌하여 푸느냐 묻거든 말하기를 주가 쓰시겠다 하라."

나귀의 주인은 두 말을 하지 않고, 나귀 새끼를 풀어서 보내심을 받은 자들에게 내어주었다.

당시에, 나귀는 사람들로부터 관심 밖에 있는 동물에 지나지 않았다. 그렇지만 그 나귀 새끼도 주님께 쓰임을 받게 되니 수많은 군중들에게서 영광을 받는 자리에 있게 되었다.

나귀 새끼의 등에 올라타신 예수님 때문이었다. 나귀 새끼는 만왕의 왕을 모셨고, 그가 걸어가는 길에는 사람들이 벗어서 깔아놓은 겉옷이 있었다. 그 겉옷들을 밟고 가는데, 수많은 군중들이 '호산나'를 부르며 환호하였다. 군중들은 왕이 승리의 입성을 할 때, 사용되는 종려나무 가지를 들고 영접하였다.

이 모습을 보게 된 나귀 새끼는 황홀하였을 것이다.

저자는 출판된 설교집, 『하나님은 비전의 사람을 쓰신다』에 이어서 두 번째로 『주님께 쓰임 받는 자가 되자』를 준비하였다.

이 설교집에서는 신약의 사복음서에 있는 내용으로 하였다, 네 권의 복음서는 무엇인가? 바로 우리 주님의 행적을 기록한 말씀이다. 구원자로 세상에 오신 예수님의 행적과 그의 가르침, 그가 전하신 천국 복음이 기록된 말씀들이다.

하나님의 영광을 나타내기 위하여 쓰시는 주님이시다. 주님께서는 우리 박씨 3형제도 불러서 쓰셨다.
박복수는 조치원장로교회에서 34년을 무흠으로 시무하고, 원로목사로 은퇴하였다.
박은수는 부산의 은혜교회를 담임으로 시무하고 있다. 그는 '그 말씀 그 예화 시리즈'의 예화집을 3권 저작하였다.
박희수는 선교사로 보내심을 받아 필리핀의 네그로스 섬에서 바꼴로드 원주민 지역에서 200여 교회를 개척(건축)하였다.
사람들에게는 보잘 것이 없었던 박씨 3형제, 주님께 쓰임을 받고 있음에 감사, 감사, 또 감사한다.

어떤 물건이나 사람을 보면, 누가 쓰느냐에 따라 그 가치가 달리지고 있음을 확인하게 된다. 우리 성도는 예수님께 쓰임을 받고 있다. 이제, 더 많이 쓰임을 받아야 한다. 예수님께서 쓰시면 존귀한 신분으로 상승이 된다. 전에 마귀의 종이었던 우리들이 하나님의 자녀로 신분상승의 은혜를 받는다.
목사-설교자는 성도들에게 주님께 쓰임을 받도록 주님의 말씀을 선포하는 자이다.

조치원 장로교회 원로 **박 복 수** 목사

차 례

• 첫째 묶음

예수님 오신 날이 크리스마스이다_마 1:18-25	11
예수님의 탄생에 어떻게 반응하십니까?_마 2:1-11	15
동방박사들처럼_마 2:1-12	18
성탄절을 맞이하는 자세_마 2:1-12	21
너희를 사람을 낚는 어부가 되게 하리라_마 4:18-25	25
하나님의 나라와 그의 의를 구하는 삶_마 6:33	28
우리의 기초는 반석 또는 모래입니까?_마 7:24-27	33
예수님의 명령 세 가지_마 10:1-15	36
기독교 가정에서의 어린이 교육_마 18:1-14	40
예수님께서 비유로 천국 복음을 증거하셨다_마 13:1-9	43
어린이들도 하나님의 가족이다_마 19:13-15	47
예수님은 나귀를 타시고 예루살렘에 입성하셨다_마 21:1-11	50
구원의 확신만 있으면 거짓 그리스도들과 거짓 선지자들을 물리친다_마 24:23-28	53
칼(무기)로 망할, 칼 가진 자_마 26:47-56	56
의인들은 영생에 들어가리라_마 25:31-46	59
성찬 참석자들의 각오_마 26:26-29	62
주님 축복의 성찬_마 26:26-30	65
예수님의 성찬 때 네 가지 순서가 준 교훈_마 26:17-29	68
예수님의 밥상공동체_마 26:26-30	71
자살은 하나님이 기뻐하지 않으신다_마 27:3-8	75
우리는 예수님의 제자이다_마 28:18-20	79

• 둘째 묶음

전도하게 하려고 제자들을 세우셨다_막 3:13-19	85
예수를 믿으면 지옥에 가지 않는다_막 9:43-49	88
예수님은 어린아이들을 사랑하신다_막 10:13-16	91
섬기려 오신 예수님이시다_막 10:32-45	93
날 구원하신 주 감사_막 14:1-9	97
아리마대 요셉의 신앙과 봉사_막 15:41-47	100
캄보디아 단기선교 허락에 감사드린다_막 16:14-18	103

• 셋째 묶음

오늘 나신 주님께 영광을_눅 2:1-20	109
예수님의 부모공경_눅 2:41-52	113
기름 부으심으로 은혜의 문을 열라_눅 4:14-23	116
참 자유를 주시는 예수님_눅 4:16-21	119
깊은 데로 가서 그물을 내려 잡으라_눅 5:1-11	121
죽음의 문제를 해결하신 하나님_눅 7:11-17	124
예수님과 함께 변화산으로 가자_눅 9:28-36	127
죽은 자들이 가는 곳, 지옥과 천국이 있다_눅 16:19-31	131
감사는 하나님께 영광 돌리는 일이다_눅 17:1-9	134
9:1의 감사_눅 17:11-19	137
주님께 쓰임 받는 자가 되자_눅 19:28-40	140
예수님 고난의 한 주간_눅 19:28-44	143
예수님이 원하셨던 유월절과 성만찬_눅 22:14-20	146
주님과 함께 떡과 잔을_눅 22:14-20	150

• 넷째 묶음

은혜와 진리가 충만한 성도의 삶_요 1:12-14	155
예수님을 만나기_요 1:12-13	158
은혜와 진리가 충만한 교회_요 1:14	161
와 보라!_요 1:43-51	164
예수님은 하나님께로서 오신 선생님이시다_요 3:1-21	167
구원에 이르는 길_요 3:15-16	170
선한 일을 많이 하자_요 5:24-29	173
구원의 복을 받은 자_요 5:24	177
예수님은 생명의 떡이다_요 6:32-40	181
3·1 운동은 자유를 얻기 위한 진리운동_요 8:31-36	185
세족식과 성만찬_요 13:3-17, 막 14:22-26	188
헌신봉사의 모델 예수님_요 13:1-17	192
예수님의 거룩한 습관 섬김을 본받자_요 13:12:-17	196
예비해 주신 영원한 처소에 들어갑시다_요 14:1-6	199
나는 주님의 제자_요 15:8	202
부활의 기쁨과 축복_요 20:26-31	206

첫째 묶음

예수님 오신 날이 크리스마스이다 _마 1:18-25
예수님의 탄생에 어떻게 반응하십니까? _마 2:1-11
동방박사들처럼 _마 2:1-12
성탄절을 맞이하는 자세 _마 2:1-12
너희를 사람을 낚는 어부가 되게 하리라 _마 4:18-25
하나님의 나라와 그의 의를 구하는 삶 _마 6:33
우리의 기초는 반석 또는 모래입니까? _마 7:24-27
예수님의 명령 세 가지 _마 10:1-15
기독교 가정에서의 어린이 교육 _마 18:1-14
예수님께서 비유로 천국 복음을 증거하셨다 _마 13:1-9
어린이들도 하나님의 가족이다 _마 19:13-15
예수님은 나귀를 타시고 예루살렘에 입성하셨다 _마 21:1-11
거짓 그리스도들과 거짓 선지자들을 물리치자 _마 24:23-28
칼(무기)로 망할, 칼 가진 자 _마 26:47-56
의인들은 영생에 들어가리라 _마 25:31-46
성찬 참석자들의 각오 _마 26:26-29
주님 축복의 성찬 _마 26:26-30
예수님의 성찬 때 네 가지 순서가 준 교훈 _마 26:17-29
예수님의 밥상공동체 _마 26:26-30
자살은 하나님이 기뻐하지 않으신다 _마 27:3-8
우리는 예수님의 제자이다 _마 28:18-20

예수님 오신 날이 크리스마스이다

마태복음 1:18-25

1. 하나님의 아들 예수님이 오신 날이 크리스마스이다

우리나라의 노무현 대통령께서 판문점을 거쳐 육로로 평양에 김정일 국방 위원장 만나러 갔을 때 북한 주민들이 양손에 조화를 들고 열렬히 환영하는 것을 보았다. 왜 그렇게 환영하였을까? 정책으로 북한에 필요한 물자를 공급해 주었기 때문이요, 또 더 많이 보내달라고 하는 것이다.

미국 레이건 대통령이 한국을 방문했을 때, 김포공항에서 서울시청 광장까지 수많은 시민이 연도에 가득 열렬한 박수로 만세를 부르며, 환영한 일이 있었다. 왜 그렇게 하였을까? 6. 25 전생 후 빈곤한 우리나라에 도움을 준 우방국가의 대통령이었기 때문이었다.

- 예수님은 누구이십니까? 하나님의 외아들이요 우리의 구세주이시다.(요 3:16)

- 예수님은 어디에서 탄생하셨습니까? 유대 땅 베들레헴 말구유에서 나셨다.(눅 24-7)

그런데, 당시 사람들은 예수님 탄생을 환영하지 않았다. 오늘날에도 죄인들은 예수님을 환영하지 않는다.

인도 선교사 스텐리 존스는 어느 크리스마스 때 어린아이 하나에게 "크리스마스에 갖고 싶은 선물이나 소원이 무엇이냐"고 물었다. 그 어린이는 자신의 책상 위에 놓인 아버지의 사진을 가리키면서 "저의 아버지가 사진틀에서 나왔으면 좋겠어요."라고 대답하였다. 그 아이의 아버지는 다른 나라에 가서 오래도록 계셨기 때문에 아버지가 그리웠던 것이다.

이 말을 들은 스텐리 존스는 말하기를, "크리스마스는 인간들이 가장 소원했던 하나님 아버지가 사진틀에서 걸어 나와 우리와 함께 하신 사건이다. 이것이 곧 성육신(Incarnalon) 사건이다."라고 설명하였다.

> 마 1:23, 보라 처녀가 잉태하여 아들을 낳을 것이요 그 이름은 임마누엘이라 하리라 하셨으니 이를 번역한즉 하나님이 우리와 함께 계시다 함이라

임마누엘, 하나님이 우리와 함께 계시다.

> 요 1:14, 말씀이 육신이 되어 우리 가운데 거하시매 우리가 그 영광을 보니 아버지의 독생자의 영광이요 은혜와 진리가 충만하더라

크리스마스는 하나님이신 거룩하신 분이 죄악 세상에 인간으로 오신 날이다.

> 빌 2:5~8, 너희 안에 이 마음을 품으라 그는 근본 하나님의 본체시나 하나님과 동등됨을 취할 것으로 여기지 아니하시고 오히려 자기를 비어 종의 형체를 가지사 사람들과 같이 되었고 사람의 모양으로 나타나셨으매

중요한 것은 예수님을 통하여 우리가 하나님 나라에 가서 영생을 사는 축복, 구원의 축복이 있다는 사실이다.

> 요 14:6, 예수께서 가라사대 내가 곧 길이요 진리요 생명이니 나로 말미암지 않고는 아버지께로 올 자가 없느니라

2. 크리스마스 날에 예수님은 무엇을 하러 오셨을까?

예수님이 크리스마스에 이 땅에 오신 목적이 무엇일까? 예수님께서 오신 목적을 알면 환영하고 모셔 들이고 축하할 것이다.

① 율법을 완성케 하려고 오셨다.

> 마 5:17, 내가 율법이나 선지자나 폐하러 온 줄로 생각지 말라 폐하러 온 것이 아니요 완전케 하려 함이로라

율법은 예수님께서 오시기 전 도덕적, 종교적, 의식적 규율을 정하여 해야 할 일과 하지 말아야 할 일을 조율화해서 지키도록 한 것이다. 그러나 사람들은 그 율법을 100% 지키기가 너무나 힘이 들었다. 그래서 이 땅에 의인은 하나도 없게 되었다.

예수님은 이 율법을 크게 두 가지로 단축하여 주셨다.

> 마 22:37-40, 예수께서 가라사대 네 마음을 다하고 목숨을 다하고 뜻을 다하여 주 너의 하나님을 사랑하라 하셨으니 이것이 첫째 되는 계명이요, 둘째는 그와 같으니 네 이웃을 네 몸과 같이 사랑하라 하셨으니 이 두 계명이 온 율법과 선지자의 강령이니라

② 예수님은 우리를 구원하여 함께 계시려고 오셨다.

> 마 1:21, 아들을 낳으리니 이름을 예수라 하라 이는 그가 자기 백성을 저희 죄에서 구원할 자이심이라

예수님의 이름에 들어 있는 의미는 '구원자'이다. 그리고 임마누엘이시다. 임마누엘은 하나님이 우리와 함께 계시다(마 1:23)는 뜻이다.

예수님은 하나님의 아들 만왕의 왕이신데 죄인 중 천한 죄인인 우리를 신부로 영접하여 영원한 천국시민 되게 하셨다.

③ 예수님은 섬기려 오셨고 대속물이 되시기 위해 오셨다.

> 막 10:45, 인자의 온 것은 섬김을 받으려 함이 아니라 도리어 섬기려 하고 자기 목숨을 많은 사람의 대속물로 주려함이니라

④ 예수님은 천국복음을 전하러 오셨다.

> 막 1:38, 우리가 다른 가까운 마을로 가자 거기서 전도하리니 내가 이를 위하여 왔노라 하시고

예수님은 각색 병든 많은 사람을 고치시며 많은 귀신을 쫓아내시며 오병이어, 물을 포도주로 이적을 베푸시고, 33년 전 생에는 전도의 생애를 보내셨다.

3. 예수님께서 탄생하신 날을 맞는 성도의 자세

예수 믿는 성도를 크리스천이라고 한다. 크리스천이란, 그리스도의 사람이다. 그리스도의 사람은 그리스도의 마음을 가져야 하고 그리스도의 하신 일을 하여야 한다. 예수님의 따뜻한 사랑의 마음으로 우리도 베푸는 일을 해야 한다.

> 요일 3:16, 그가 우리를 위하여 목숨을 버리셨으니 우리가 이로써 사랑을 알고 우리도 형제들을 위하여 목숨을 버리는 것이 마땅하니라 아멘.

예수님의 탄생에 어떻게 반응하십니까?

마태복음 2:1-11

1. 헤롯 왕의 반응이다

유대나라 헤롯 왕 때에 예수께서 베들레헴에서 출생하시매 동방에서 박사들이 유대인의 왕으로 오신 이가 어디 있습니까? 우리가 동방에서 그의 별을 보고 그에게 경배하러 왔노라(마2:1~2)고 하였다. 헤롯 왕은 크게 놀랐다.

> 마 2:3, 헤롯 왕과 온 예루살렘이 듣고 소동한지라

소동하다의 뜻은 '당황하게 하다, 놀라고 불안에 떨다, 뒤흔들리다'이다. 헤롯 왕은 자신의 왕권의 위기의식 때문에 충격을 받은 것이다. 헤롯은 정통 유대인이 아니라 에서의 후손인 이두메 사람 안티파터의 아들이었다. 그는 주전 73년경에 태어나서 25세 때 갈릴리 총독을 지내면서 로마 정권에 잘 보이려고 백성들을 착취, 과중한 세금을 징수 상납하였다. 그는 왕위에 오르기 위해 아내도 아들도 살해한 잔인한 사람이다. 유대인들에게 환심을 얻기 위해 예루살렘 제3성전을 48년 동안 건축하기도 하였다.

그런데 유대인의 왕 예수가 탄생했다는 소식을 들었으니, 헤롯 왕은 두려움으로 즉시 성경학자들을 불렀다. 왕이 대제사장과 백성의 서기관들을 모아 그리스도가 어디서 나겠느냐고 물었다.(마 2:4)

"이르되 유대 베들레헴이오니" 이는 선지자가 예언했다는 것이다. 미 5:2의

예언이다.

> 마 2:6-8, 유대 땅 베들레헴아 너는 유대 고을 중에서 가장 작지 아니하도다 네게서 한 다스리는 자가 나와서 내 백성 이스라엘의 목자가 되리라 하였음이니이다

헤롯이 가만히 박사들을 불러 별이 나타난 때를 자세히 묻고서, "가서 경배하고 돌아와서 내게 고하여 나도 가서 아기 왕에게 경배하겠다."고 하였다. 그러나 실상은 그 아기 왕을 죽일 마음을 가진 것이었다. 박사들이 돌아와 보고하지 아니하자 두 살 아래 남자아이를 다 죽였다.(마 2:16-18) 헤롯은 악한 마귀 사탄이다. 구원자 예수를 죽여 하나님의 구속사역을 방해하려고 한 자이다.

아무리 왕권을 휘두르는 권세자라도 하나님의 구원계획을 방해할 수 없다. 사람이 자기주장이 강하면 예수님을 믿을 수 없다.
- 예수님은 왕 중의 왕(King of King)이시다.
- 예수님은 만주의 주(Lord of Lords)이시다.
- 지극히 높으신 하나님(The Mostin God)이시다.

헤롯 왕의 예수님의 탄생에 대한 반응은 매우 적대적이고 반감을 가진 것이었다. 결국은 이런 반응은 지기만 지옥에 떨어지는 것이다. 불행한 반응이다. 살인까지 하는 마귀의 도구로 전락하고 말았다.

2. 일반 백성들의 반응이다

> 마 2:3, 온 예루살렘이 듣고 소동 한지라

여기에서, '온 예루살렘'은 일반 백성들을 가리킨다. 새로운 왕이 일어나면 '적이 일어날 것이 두려웠다. 헤롯은 왕위 보전을 위해 그의 아내, 두 아들,

5명의 마카비 용사를 죽인 잔인한 일과 왕권 교체로 당할 피해의식을 두려워했던 것이다.

> 눅 2:7, 첫아들을 낳아 강보로 싸서 구유에 뉘었으니 이는 여관에 있을 곳이 없음이러라

이것을 보면 예수님 탄생에 무관심한 반응이었다.

3. 대제사장과 서기관들의 반응이다

대제사장과 서기관들은 당시 국가 기관에 종사하는 관리들이었고 구약 율법에는 능통하며 유대인의 왕 탄생 예언도 잘 알고 있는 자들이다. 그러나 아는 데 그쳤다. 많은 지식을 가졌으나 자신에게 받아들이지 않은 것이다. 우리는 예수를 아는 지식에 끝나지 말고, 나의 구세주로 받아들이는 믿음의 사람이 되자.

4. 동방의 박사들의 반응이다

동방은 페르시아나 바벨론 나라를 말한다. 이 나라는 유대인들을 포로로 잡아가고 예루살렘 성전 기물을 옮겨가고 율법 책들을 빼앗아 갔던 나라이다. 다니엘 선지자, 느헤미야 선지자들이 메시야가 나실 것을 예언하였던 것을 연구한 자였다. 이들은 시 68:29, 72 10, 사 49:7, 60:1~6의 경배하라는 성구를 보고 실천하였다. 이들이 왕이 태어나면 예물을 드리고 경배하는 것이 마땅하다고 생각한 것이다. 그리하여 황금, 유황, 몰약의 예물을 들고 아기 왕께 경배하였다.

동방박사들처럼

마태복음 2:1-12

1. 예수의 별을 따라 경배하러 나선 동방박사들처럼(마 2:1-2)

동방은 바벨론 또는 페르시아 국이라고 한다. 멀고도 먼 거리, 낙타를 타고 사막을 지나고, 강을 건너고, 온갖 위험을 무릎 쓰고 별을 따라 여행을 나선 것이다. 그의 별은 예수님의 탄생을 알리는 별이다.

민 24 17, 한 별이 야곱에게서 나오며 한 규가 이스라엘에게서 일어나 발람 선지자가 예언한 말씀이다.

벧후 1.19, 샛별이 너희 마음에 떠오르기까지 너희가 이것을 주의하는 것이 옳으니라

계 22:16, 나 예수는 교회들을 위하여 내 사자를 보내어 이것들을 너희에게 증언하게 하였노라 나는 다윗의 뿌리요 자손이니 곧 광명한 새벽 별이라 하시더라

동방박사들처럼 우리도 땅만 바라볼 것이 아니라 위에 계신 새벽 별 같으신 예수님을 바라보고 예수님을 따라 영원한 천국 가는 길 중단 없이 끝까지 승리의 입성을 하자.

2. 하나님 예언의 말씀의 성취됨을 확인한 동방의 박사들(마 2:3-10)

동방의 박사들은 예루살렘에 도착을 하였고, 이스라엘의 수도 예루살렘에

있는 왕을 찾아갔다. 왕이라면 왕궁에서 탄생해야 되는 것이 상식적이다. 당시에, 헤롯 왕에게 "유대인의 왕으로 나신 이가 어디 계시냐 우리가 동방에서 그의 별을 보고 그에게 경배하러 왔노라"(마 2:2)고 하였다.
헤롯과 대제사장들과 서기관들은 선지서를 연구하여 찾아내었다.

> 미 5:2, 베들레헴 에브라다야 너는 유다 족속 중에 작을 지라도 이스라엘을 다스릴 자가 네게서 내게로 나올 것이라 그의 근본은 상고에, 영원에 있느니라(마 2:6)

헤롯은 동방박사들을 가만히 불러 별이 나타난 때를 자세히 물었다. 그리고 그들을 베들레헴으로 보내며 아기에 대해 자세히 알아보고 찾거든 나도 가서 그에게 경배하게 하라고 하였다.(마 2:7-8)
헤롯은 왜 동방박사들에게 별이 나타난 때를 물었을까?

> 마 2:16, 베들레헴과 그 모든 지경 안에 있는 사내아이를 박사들에게 자세히 알아본 그 때를 기준 하여 두 살부터 그 아래로 다 죽이니

태어난 어린 왕을 죽이려는 음모를 품고 물어보았다. 또 경배하겠다는 것은 자신의 추악한 음모를 은폐하기 위한 그의 위선이었던 것이다. 아기 예수를 살해하기 위한 계략의 겉포장이 경배였다. 박사들은 선지서의 예언이 성취됨을 확증하고 기뻐하였다. 베들레헴 가는 길에 동방에서 인도하던 그 별이 문득 앞서 인도하여 주었다.(마2:9)

3. 아기 예수님께 경배하고 예물 드리는 동방박사들처럼(마 2:11)

드디어 박사들은 아기 예수가 베들레헴의 말구유에 누워 있는 것을 발견하였다. 그리고 엎드려 경배하고 황금, 유향. 몰약 예물을 정성껏 드렸다. 외경에 의하면, ① 황금은 왕께 드리는 예물로 절대 권위를 가지신 왕으로서 예수를 인정하는 표시이다. 황금은 흰 수염을 한 멜콘(Melkor) 박사가 드렸다. ② 유향은 향기로운 송진으로 성전 제사나 헌물로 사용 제사장적 권

위와 신성을 인정한다. 이 유향은 청년 가스퍼(Gasper)가 드렸다. ③ 몰약은 시체가 썩지 않게 하는 방부제로 고가품이다. 주님의 십자가 수난과 죽음, 인류를 구원하시는 예수님을 위해 드린 예물들이다. 몰약은 검은 얼굴에 중년의 발사살(Balthasar)이 드렸다고 한다. 동방박사들이 정성된 예물을 드린 것처럼 우리를 구원하시려고 성육신하신 예수님께 정성껏 예물을 드리며 경배하자.

제4의 동방박사 이야기가 있다.
페르시아의 조로아스터교의 제사장 알타반 박사는 40세 되던 추운 가을날 세 박사와 약속한 장소에 3시간 늦게 도착, 앞서간 박사들을 뒤쫓아 갔다. 베들레헴에 도착하였는데 3일 전에 박사들은 경배 후, 가버린 뒤 아기 예수는 애굽으로 피난 간 뒤였다.
그때 헤롯의 군대가 어린아이를 죽이려고 쳐들어왔다. 한 어린이를 살리기 위해 청옥을, 애굽에 갔다가 여비로 루비보석을, 예수 십자가 지고 가는 현장에 노예 처녀 구출을 위해 진주 보석을 써 버렸다. 73세의 알타반 박사에게 주님의 음성이 들렸다.

> 마 25:40, 내 형제 중에 지극히 작은 자 하나에게 한 것이 곧 내게 한 것이니라.

아멘.

성탄절을 맞이하는 자세

마태복음 2:1-12

I. 크게 기뻐하고 기뻐하는 자세여야 한다

마 2:10, 그들이 별을 보고 매우 크게 기뻐하고 기뻐하더라

헤롯 왕 때에 예수님은 유대 땅 베들레헴에서 탄생하셨다.

요 1:14, 말씀이 육신이 되어 우리 가운데 거하시매 우리가 그의 영광을 보니 아버지의 독생자의 영광이요 은혜와 진리가 충만하더라

눅 1:44, 보라 네 문안하는 소리가 내 귀에 들릴 때에 아이가 내 복중에서 기쁨으로 뛰놀았도다

그 아이는 세례 요한이다. 마리아가 성령으로 잉태된 몸으로 친족 나이 많은 엘리사벳이 6개월 전에 임신한 것을 알고 찾아 방문했을 때 엘리사의벳 복중에 있는 세례 요한이 기뻐한 것이다.

눅 2:10-11, 천사가 이르되 무서워하지 말라 보라 내가 온 백성에게 미칠 큰 기쁨의 좋은 소식을 너희에게 전하노라 오늘 다윗의 동네에 너희를 위하여 구주가 나셨으니 곧 그리스도 주시니라

천사들이 양을 치는 목자들에게 기쁜 소식, 예수의 탄생을 알리자 아기 예수님을 기쁜 마음으로 찾아갔다.

눅 2:13, 홀연히 수많은 천군이 그 천사들과 함께 하나님을 찬송하여 이르되 지극히 높은 곳에서는 하나님께 영광이요 땅에서는 하나님이 기뻐하신 사람들 중에 평화로다

예수님의 탄생을 왜 기뻐해야 할까? 그 대답은,

> 마 1:21, 아들을 낳으리니 이름을 예수라하라 이는 그가 자기 백성을 그들의 죄에서 구원할 자이심이라 하니라

예수님은 우리를 구원하려고 오신 것이다. 예수님은 다른 이름으로 임마누엘이시다. 임마누엘은 하나님이 우리와 함께 계신다는 뜻이다.(마 1:23) 하나님은 우리의 구원자 예수님을 보내주셨고 예수님을 통해서 우리와 함께 하신다는 것이다. 하나님은 우리를 구원해 주신 것뿐만 아니라 함께 하시는 우리의 구원자 예수 그리스도를 보내주셨으니 기쁘고도 기쁘다.
아기 예수님을 기쁘게 맞이하면 예수님께서도 좋아하시고 우리는 더욱더 좋은 것이 된다. 죄인인 나는 예수 때문에 구원받았고 나에게는 예수 때문에 기쁨이 충만하고, 예수 때문에 평강이 넘치게 된다.

2. 성탄을 두려워하고 악행을 저지르는 자가 있다(마 2:2-5, 16-18)

동방의 박사들이 예루살렘 헤롯 왕을 찾아갔다. "유대인의 왕으로 나신이가 어디 계시냐? 우리가 동방에서 그의 별을 보고 경배하러 왔노라."고 하였더니 헤롯왕과 대제사장과 백성의 서기관들이 다 놀라고, 헤롯 왕은 박사들이 다녀간 그 때를 기준하여 두 살 아래 남자아이를 다 죽이는 살인자가 되었다.
오늘날에도 성탄을 싫어하는 악한 원수 마귀가 사람을 충동시켜 예수 믿는 성도를 살인하는 무리가 있다. 북한의 정권자들이, 이슬람 지도자들이, 불신세력들이 성탄의 예수를 싫어하고 살인하려고 한다. 하나님의 복을 외면하는 자들이다. 불행한 자들, 불쌍한 자들이다.

> 마 25:41, 왼편에 있는 자들에게 이르되 저주를 받은 자들아 나를 떠나 마귀와 그 사자들을 위하여 예비 된 영원한 불에 들어가라

3. 엎드려 경배하며 감사의 예물을 드리자

성탄의 소식을 듣고 엎드려 경배하며 감사 축하의 예물을 드린 자들이 있다.

> 마 2:11, 집에 들어가 아기와 그의 어머니 마리아가 함께 있는 것을 보고 엎드려 아기께 경배하고 보배합을 열어 황금과 유향과 몰약을 예물로 드리니라

본문에는 예수님의 탄생소식을 들은 사람들이 많다. 동방박사, 헤롯 왕, 제사장들, 서기관, 온 예루살렘 사람들이 있었다. 그런데 아기 예수를 만왕의 왕, 만주의 주 하나님이신 예수님. 구원자 모든 죄의 해결자, 평강의 왕을 본 자는 엎드려 경배한 동방박사들이었다.

동방박사들은 빈손으로 오지 않고 값진 보물을 드렸다.
- 황금은 예수님이 만왕의 왕이시라는 상징이다.
- 유향은 예수님은 대제사장이시라는 상징이다.
- 몰약은 방부제로 예수님은 구세주이시라는 상징이다.

성탄절을 아기 예수 탄생의 날로 알았다면 만왕의 왕, 우리의 대제사장, 나의 구세주 되신 주께 합당한 영광을 돌려 드리는 것이 진정한 경배이다.

> 대상 16:29, 여호와의 이름에 합당한 영광을 그에게 돌릴지어다 제물을 들고 그 앞에 들어갈지어다 아름답고 거룩한 것으로 여호와께 경배할지어다

4. 성탄을 함께 찬양하자

> 눅 2:13-14, 홀연히 수많은 천군이 그 천사들과 함께 하나님을 찬송하여 이르되 지극히 높은 곳에서는 하나님께 영광이요 땅에서는 하나님이 기뻐하신 사람들 중에 평화로다

예수님의 탄생을,
- 마리아가 기뻐 찬양하였다.(눅 1:46-55)
-엘리사벳이 찬양하였다.(눅 1:39-45)
-목자들이 찬양하였다.(눅 2:20)
-나이 많은 시므온이 찬양하였다.(눅 2:28-32)
-안나 여선지자가 찬양하였다.(눅 2:36-38)
찬양을 드리는 것은 남녀노소 모두가 해야 할 일이다.
우리는 금년에, 성탄을 기뻐하며, 경배하며 예물 드려 감사하고, 찬양으로 영광을 돌리는 모두가 되자. 아멘.

너희를 사람을 낚는 어부가 되게 하리라

마태복음 4; 18-25

I. 내가 예수 믿게 된 동기를 생각하자

우리 자신은 언제부터, 어떻게 예수를 믿게 되었는가? 예수를 믿게 된 동기를 생각해보자.

미국 샌디에고에서 열린 세계 야구 국가 대항전 월드 베이스클래식(WBC)에서 4:1로 일본을 격파하는데 공로를 세운 봉중근 선수는 박경은 집사를 만나서 결혼하고 신앙생활을 철저히 하고 있다. 2004년 12월 하용조 목사의 주례로 결혼식을 교회에서 올렸다. 그는 프로 선수로 어려운 여건 속에서도 주일 성수하고 있으며, 승리한 후 무릎을 꿇고 기도하므로 세계 시청자들에게 전도하는 일도 하고 있다. 그의 별칭이 봉타나. 또는 - 봉중근 의사 · 안중근 의사처럼 일본 킬러란 뜻이다.

우리가 애국자로 존경하는 백범 김구(1876-1949) 선생은 마곡사 절에 들어가 승려가 되었고, 법명으로, 원종 스님이 되었다. 일경에 체포되어 서대문 형무소에서 17년 언도를 받아 수감 중에 그의 어머니의 전도를 받고 기독교인이 되었고, 예수님의 희생적 사랑을 실천, 유명한 애국지사가 되었다.

윤보선 대통령은 미국 유학 가서 전도 받고 기독교인이 되었고, 하나님의 축복으로 대통령까지 되었다.

한센 국제 IDEA협회장 정상권 장로는 소시 때 부랑아가 되어 거리를 떠도는 생활을 하다가 잘못 먹고 시달리다가 한센 병(문둥병)이 걸려 길거리에 쓰러져 있는 것을 경찰이 발견 소록도로 후송 조치되었고, 누군가에 전도를 받아 교회에 다니며 학생부 회장까지 지냈다. 그는 마국에서 보내준 "DDS 다이아손"이란 약을 복용하여 몸이 회복되고 지금은 한센 국제 IDEA협회장으로 큰 공헌을 하고 있다.

2. 고기를 잡던 어부 베드로와 사도들은 사람을 낚는 어부가 되다

베드로와 그의 형제 안드레, 세베대의 아들 야고보와 그의 형제 요한은 고기를 잡는 어부의 직업을 갖고 있었다. 그들은 예수님을 따르기로 결심하였다. 3년 동안 예수님께 훈련을 받았다. 예수님이 십자가에서 죽으시고 승천하신 후에, 그들은 당황하였다. 할 일을 찾지 못하였다.

그러나 주님께서 남기신, "오직 성령이 너희에게 임하시면 너희가 권능을 받고 예루살렘과 온 유대와 사마리아와 땅 끝까지 이르러 내 증인이 되리라"(행 1:8)는 말씀을 기억하였다. 마가의 다락방에 모여 120문도가 함께 기도 하던 중에 오순절 날 성령 충만을 받았다.(행 2:1-4)

이후에, 베드로와 예수님의 제자들은 오로지 예수님의 부활과 구원의 도리를 전하기 시작하였다. 전도활동을 하지 않을 때는 역사가 일어나지 않았다. 전도활동을 전개하자 사람이 낚였다. 예수님의 말씀이 그대로 실현이 되었다.

행 2:38-41, 베드로가 이르되 너희가 회개하고 각각 예수 그리스도의 이름으로 세례를 받고 죄 사함을 받으라 그리하면 성령의 선물을 받으리니 그 말을 받은 사람들은 세례를 받으매 이 날에 신도의 수가 삼천이나 더하더라

행 4:1-4, 사도들이 백성에게 말할 때에 제사장들과 성전 맡은 자와 사두개인들이 이르러 예수 안에 죽은 자의 부활이 있다고 백성을 가르치고 전함을 싫어하여 그들을 잡으매 이미 날이 저물었으므로 이튿날까지 가두었으나 말씀을 들은 사람 중에 믿는 자가 많으니 남자의 수가 약 오천이나 되었더라

전도는 하면 역사가 나타난다. 바울은 빌립보 옥에서 간수장에게, "주 예수를 믿으라 그리하면 너와 네 집이 구원을 받으리라"(행 16:31)고 전도하였는데 온 가족이 예수를 믿고 구원 얻었으며 빌립보교회가 세워졌다.
바울과 바나바가 1차 전도여행 때 이방인들에게는 복음을 전도하였더니 이방인들이 듣고 기뻐하여 하나님의 말씀을 찬송하며 영생을 주시기로 작정된 자는 다 믿게 되었다.(행 13:44-52)

3. 예수님은 우리에게 사람을 낚는 어부가 되게 하리라 하셨다

사람을 낚는 어부에게는 어장이 있어야 한다. 우리의 어장은 바로 우리의 삶의 현장이다.
- 우리의 가정 식구들 중 불신자는 전도의 대상이다.
- 우리의 친척 중 불신자가 전도의 대상이다.
- 우리의 이웃과 친구들 중 불신자는 모두 전도의 대상이다.
- 나의 직장 동료, 만나는 고객이 전도의 대상이다.
- 예수를 믿지 않는 모든 이들이 전도의 대상이다.

하나님의 나라와 그의 의를 구하는 삶

마태복음 6:33

1. 그의 나라는 하나님의 나라이다

하나님의 나라(헬라어: 바실레이아)는 예수님이 왕권으로 다스리는 나라이다. 주기도문에 "나라가 임하시오며 뜻이 하늘에서 이루어진 것같이 땅에서도 이루어지이다." 하나님의 나라는 하나님의 통치가 미치는 영역이다. 한 국가를 이루는 조건으로 3대 요소가 있다. 첫째는 주권이 있다. 둘째는 국민이 있어야 한다. 셋째는 영토(국토)가 있어야 한다. 하나님의 나라는 하나님이 통치하시는 주권이 있다. 하나님이 통치하시는 하나님의 백성이 있다. 하나님의 백성들이 생활 하는 영역이 있다.

① 하나님의 나라는 에덴동산이었다.

> 창 2:8, 여호와 하나님이 동방의 에덴에 동산을 창설하시고 그 지으신 사람을 거기 두시니라

아담과 하와는 하나님의 백성이었는데 하나님의 주권을 침해하여 따 먹지 말라한 선악과를 따 먹고 죄를 지어 에덴동산에서 쫓겨났다.

> 창 3:23-24, 여호와 하나님이 에덴 동산에서 그를 내보내어 그의 근원이 된 땅을 갈게 하시니라 이같이 하나님이 그 사람을 쫓아내시고 에덴동산 동쪽에 그룹들과 두루 도는 불 칼을 두어 생명나무의 길을 지키게 하시니라

② 하나님의 나라는 이스라엘이다.

에덴동산 하나님 나라에서 쫓겨난 아담과 하와 그 후손이 이 땅에 번성하였다. 이 세상에는 하나님을 경외하는 자와 불신자가 공동의 삶을 살며 나라도 세워 갔다. 하나님은 아브라함을 부르시고 이삭, 야곱, 다윗 왕을 통해 이스라엘 왕국을 세우셨다.

그러나 이스라엘 백성들이 하나님의 주권과 하나님의 통치법을 준수하지 않아 새로운 왕국 건설이 필요하였다. 그래서 하나님은 하나님의 아들 예수님을 이 땅에 보내주셨다.

③ 세워지는 나라는 예수 그리스도의 통치를 받는 새로운 나라이다.

그 나라는 예수 그리스도의 초림으로 우리의 죄 문제를 해결하심으로 세워진 나라이다.

> 마 1:1, 아브라함과 다윗의 자손 예수 그리스도의 계보라

예수님의 구원사역으로 말미암아 영생을 얻은 백성들과 성령의 강림으로 세워진 교회를 통해 하나님나라는 이루어졌다. 예수님은 구속받은 성도들이 성경의 충만함으로 복음을 전도하여 하나님나라를 확장하도록 명령하셨다.

전도하면 하나님나라가 확장되고 교회가 부흥 된다. 궁극적으로 하나님의 나라는 하나님의 백성들이 영생복락을 누릴 수 있는 곳, 천국을 말하는 것이다. 예수님은 이 땅에 살면서 하나님의 통치를 받으려면 하나님의 나라를 사모하라는 것이다.

예수님은 천국 비유로 여러 가지 교훈을 하셨다.(마 13:44~5)
- 감추인 보화 비유

- 값진 진주 비유
- 그물 비유
- 품꾼 비유
- 혼인 잔치 비유
- 열 처녀 비유
- 달란트 비유
- 양과 염소의 비유

사람의 제일 되는 목적은 "하나님을 영화롭게 하는 것과 영원토록 그를 즐거워하는 것"이다.(웨스트민스터 소요리문답 제1문) 예수님은 오늘 본문에 하나님의 나라를 구하라고 하셨다.

2. 그의 의를 구하라(마 6:33)

그의 의는 하나님의 의이다. 말씀 순종의 삶이다.

신 32:4, 그는 반석이시니 그가 하신 일이 완전하고 그의 모든 길이 정의롭고 진실하고 거짓이 없으신 하나님이시니 공의로우시고 바르시도다

암 5:24, 오직 정의를 물 같이 공의를 마르지 않는 강 같이 흐르게 할지어다

그런데 사람에게는 의로운 자가 없다.

롬 3:10, 의인은 없나니 하나도 없으며

예수님의 교훈대로 중생하여야 의롭게 될 수 있다. 거듭나야 한다.

요 3:3, 사람이 거듭나지 아니하면 하나님의 나라를 볼 수 없느니라

요 3:5, 사람이 물과 성령으로 나지 아니하면 하나님의 나라에 들어 갈

수 없느니라

예수님을 구주로 믿고 성령으로 거듭나면 죄인이 의인으로 새롭게 변화 받게 된다.

롬 8:1-2, 그러므로 이제 그리스도 예수 안에 있는 자에게는 결코 정죄함이 없나니 이는 그리스도 예수 안에 있는 생명의 성령의 법이 죄와 사망의 법에서 너를 해방하였음이라, 아멘.

롬 8:1-17, 무릇 하나님의 영으로 인도함을 받는 사람은 곧 하나님의 아들이라 너희는 다시 무서워하는 종의 영을 받지 아니하고 양자의 영을 받았으므로 우리가 아빠 아버지라 부르짖느니라 성령이 친히 우리의 영과 더불어 우리가 하나님의 자녀인 것을 증언하시나니 자녀이면 또한 상속자 곧 하나님의 상속자요 그리스도와 함께 한 상속자니 우리가 그와 함께 영광을 받기 위하여 고난도 함께 받아야 할 것이니라

롬 9:30, 그런즉 우리가 무슨 말을 하리요 의를 따르지 아니한 이방인들이 의를 얻었으니 곧 믿음에서 난 의요

우리는 예수님을 믿는 믿음으로 의롭게 되었다.

마 5:6, 의에 주리고 목마른 자는 복이 있나니 그들이 배부를 것임이요.

3. 모든 것을 더해 주시는 하나님

하나님의 나라 천국을 사모하고 의롭게 정의롭게, 성결하게 살면 당연히 복이 따라 온다.

사람에게는 5대 욕구가 있다.
- 생리적 욕구
- 안전에 대한 욕구

- 소속감과 사랑에 대한 욕구
- 인정을 받으려는 욕구
- 자기실현의 욕구가 있다.

　마 6:33, 하나님의 나라와 그의 의를 구하면 이 모든 것을 더하시리라

이 말씀에 집중하자. 우리가 하나님 나라를 구하고, 의롭게 살 때 덤으로 받아 누리는 물질의 부요와 성공적 축복을 더해 주시겠다는 하나님의 약속의 말씀이다.

솔로몬이 일천번제를 드린 후 받은 복이 있다.(왕상 3:4-15)

　왕상 3:13, 내가 또 네가 구하지 아니한 부귀와 영광도 네게 주노니

우리의 기초는 반석 또는 모래입니까?

마태복음 7:24-27

1. 우리의 집이 든든히 서려면 반석 위에 지어야 한다

기초가 튼튼한 반석 위에 집을 지은 사람은 지혜로운 사람이고, 기초가 튼튼하지 못한 모래 위에 집을 지은 사람은 어리석은 사람이라고 말한다. 예수님은 산 위에서 설교를 마치시고, 우리에게 흔히 겪을 수 있는 이러한 광경을 비유를 통하여 말씀하셨다.

두 종류의 집이 있다. 하나는 반석 위에 세운 집과 또 다른 하나는 모래 위에 세운 집이다. 비가 오고, 홍수가 나고, 강한 바람이 불어올 때 기초가 튼튼한 반석 위에 세운 집은 끄떡 없이 서 있었다. 그러나 기초가 튼튼하지 못한 모래 위에 세운 집은 부서지거나 무너져 버린다고 말씀하고 있다. 그만큼 기초가 중요하다는 것이다.

본문에서도 지금 집이 어떤가를 말씀하는 것이 아니라, 그 집 아래에 기초 공사인 주초가 반석이냐, 아니면 모래냐가 얼마나 중요한가를 말씀하고 있다.

2. 우리는 예수님과 연합되어야 한다

우리가 종교적인 행위를 할 수 있는 하나님의 사람으로서 변화가 되어야 한다. 본질과 존재가 하나님의 백성으로 바뀌져야 하는 것이 중요하다.

마 19장을 보면 재물이 많은 한 청년이 나온다.

마 19:16-19, 어떤 사람이 주께 와서 이르되 선생님이여 내가 무슨 선한 일을 하여야 영생을 얻으리이까 예수께서 이르시되 어찌하여 선한 일을 내게 묻느냐 선한 이는 오직 한 분이시니라. 네가 생명에 들어 가려면 계명들을 지키라 이르되 어느 계명이오니이까 예수께서 이르시되 살인하지 말라. 간음하지 말라, 도둑질하지 말라, 거짓 증언하지 말라, 네 부모를 공경하라, 네 이웃을 네 자신과 같이 사랑하라 하신 것이니라

20-22, 그 청년이 이르되 이 모든 것을 내가 지키었사온대 아직도 무엇이 부족하니이까 예수께서 이르시되 네가 온전하고자 할진대 가서 네 소유를 팔아 가난한 자들에게 주라 그리하면 하늘에서 보화가 네게 있으리라 그리고 와서 나를 따르라 하시니 그 청년이 재물이 많으므로 이 말씀을 듣고 근심하며 가니라

계명을 다 지켰다는 것이 실제적으로 계명의 정신들을 이해하고, 정당한 계명의 요구들을 다 지킨 것이 아니라는 것을 들춰내기 위해서 등장한다. 그러자 예수님께서 그러면 "네 재산을 팔아서 가난한 자들에게 다 주어라." 라고 말씀하셨다.

그러나 그가 예수님의 말씀을 따르지 못했다. 무엇을 드러내기 위한 말씀이냐 하면, 이 부자가 지킨 계명은 자기 치장을 위한 종교행위였지, 진정한 율법(정신)을 지키는 것은 아니었다는 것이다.

3. 그리스도와 연합된 삶으로 많은 열매를 맺자

하나님은 우리의 마음과 생각과 뜻을 감찰하시는 분이시다. 자문해 보아야 한다. 이것이야 말로 참다운 신앙을 가늠하는 중요한 잣대이다.

산상수훈에서 예수님이 늘 지적했듯이 "너희 의를 사람에게 보이려고 행치 않도록 주의해라. 구제할 때 외식하는 자가 사람에게 영광을 얻으려고 회당과 거리에서 하는 것 같이 너희 앞에 나팔을 불지 말라 또 오른손이 하는 것을 왼손이 모르게 하고, 또 기도할 때 외식하는 자같이 사람에게 보이

려고 회당과 큰 거리 어귀에서 기도하기를 좋아 하느니라 금식할 때 외식하는 자들 같이 슬픈 기색을 하지 말라"고 말씀하셨다.
우리의 신앙의 행위가 행동으로서 나오기 전에 존재의 변화가 필수적이라고 말씀하고자 하셨다. 예수 그리스도 안에서의 변화가 필수적이라는 것을 확인하게 된다.

예수님의 명령 세 가지

마태복음 10:1-15

1, 천국이 가까왔다고 하라(마 10:7)

예수님이 이 땅에 오셔서 제일 먼저 하신 일은 천국이 가까이 왔다고 전파하는 일이셨다.

> 막 1:14~15, 요한이 잡힌 후 예수께서 갈릴리에 오셔서 하나님의 복음을 전파하여 가라사대 때가 찼고 하나님 나라가 가까 왔으니 회개하고 복음을 믿으라

우리가 사는 세상은 잠깐의 시간이다. 누구나 다 한 번은 죽는다.

> 히 9:27, 한 번 죽는 것은 사람에게 정하신 것이요 그 후에는 심판이 있으리니

죽은 후에 갈 곳은 천국과 지옥 중 한 곳에 가게 된다. 지금은 세상 사람들도 말세라고들 한다. 주님의 재림이 가까운 시대이다. 지금 세대는 천국이 가까이 온 시대이다. 세상 사람들은 이 진리를 모르고 있다. 이 세상이 영원히 계속되는 것으로 착각하고 있다.

자신의 죽음도 모른다. 그러니까 부정부패에 몰두하고, 재산을 축적하고, 비자금을 만들어 국가 경제를 혼란케 하고 있다.

예수님께서 제자들에게 특별임무를 주시며 명하신 첫 번째 명령은 "천국이 가까왔다." 라고 선포하라는 것이셨다.

왜 그렇게 명하셨을까? 먼저 믿는 우리를 향해 천국 안내를 하라는 명령이

다. 천국신앙을 가지라는 뜻이다. 천국신앙으로 양육하라는 것이다. 교회의 사명은 성도들을 천국가게 하는 것이다.

목사는 성도를 천국까지 가도록 인도하는 목자로 세운 것이다. 성도의 신앙도 철저한 천국신앙으로 무장하여야 한다. 천국은 예수님을 모시면 이루어진다. 심령천국, 가정천국을 이루시기를 축원한다.

사도 바울은 예수 믿기 전에 바리새인이었다. 공회원의 한 사람으로 권력이 대단하였다. 그러나 예수 믿고 기도하던 중 천국을 가본 것이다.

> 고후 12:1-4, 무익하나마 내가 부득불 자랑하노니 주의 환상과 계시를 말하리라 내가 그리스도 안에 있는 한 사람을 아노니 십사 년 전에 그가 셋째 하늘에 이끌려 간 자라 그가 몸 안에 있었는지 몸 밖에 있었는지 나는 모르거니와 하나님은 아시느니라 내가 이런 사람을 아노니 그가 몸 안에 있었는지 몸 밖에 있었는지 나는 모르거니와 하나님은 아시느니라 그가 낙원으로 이끌려가서 말할 수 없는 말을 들었으니 사람이 가히 이르지 못할 말이로다

성경에는 천국의 용어가 여럿 있다. 낙원, 삼층천, 하나님 나라, 아브라함의 품, 천년왕국, 새 하늘과 새 땅, 에덴동산 등이다. 천국은 좋은 곳으로 우리가 사모할 만한 곳이다.

바울은 천국을 본 후에 그 자신의 생애가 달라졌다.

> 빌 3:7-9, 무엇이든지 내게 유익하던 것을 내가 그리스도를 위하여 다 해로 여길 뿐 더러 내 주 예수 그리스도를 아는 지식이 가장 고상함을 인함이라 내가 그를 위하여 모든 것을 잃어버리고 배설물로 여김은 그리스도를 얻고 그 안에서 발견되려 함이니

> 빌 3:14, 푯대를 향하여 그리스도 예수 안에서 하나님이 위에서 부르신 부름의 상을 위하여 좇아가노라

이 시간에, 천국이 가까웠음을 믿고 맡겨주신 사명-예수님의 명령인 "천국이 가까웠다."고 선포하는 선포자가 되어야 하겠다.

2. 병든 자를 고치라고 명령하셨다

> 마 10:8, 병든 자를 고치며 죽은 자를 살리며 문둥이를 깨끗하게 하며 귀신을 쫓아내되 너희가 거저 받았으니 거저 주어라

질병은 인생이 겪는 고난 중 대표적인 것으로서 질병의 원인은 죄의 값이다. 질병의 고통을 겪지 않는 사람은 한 사람도 없다. 병원을 가보세요? 환자들로 꽉 찼다. 육체의 질병, 정신적인 질병, 영혼의 질병, 인생의 죽음은 결국 질병으로 죽고 만다.

예수님은 인생의 질병을 잘 아신다.

> 마 4:23, 예수께서 온 갈릴리에 두루 다니사 저희 회당에서 가르치시며 천국복음을 전파하시며 모든 병과 모든 약한 것을 고치시니

예수님은 인생에게 천국복음을 전파하시고, 질병을 고쳐주셨다. 제자들에게도 주님께서 하신대로 질병을 고쳐 주라고 명하셨다. 우리에게는 예수님처럼 신유의 능력이 없다. 의사와 같이 의학공부도 하지 않았다. 그런데 베드로를 보자.

> 행 3:6, 은과 금은 내게 없거니와 내게 있는 것으로 네게 주노니 곧 나사렛 예수 그리스도의 이름으로 걸으라

앉은뱅이를 고쳤다. 예수님이 함께 하시면 암 병도 고침을 받는다. 예수님께는 못 고치시는 병이 없다.

> 약 5:14-15, 너희 중에 병든 자가 있느냐 저는 교회의 장로들을 청할 것이요 그들은 주의 이름으로 기름을 바르며 위하여 기도할지니라 믿음의 기도는 병든 자를 구원하리니 주께서 저를 일으키시리라

> 막 16:17-18, 믿는 자들에게는 이런 표적이 따르리니 곧 저희가 내 이름으로 귀신을 쫓아내며 새 방언을 말하며 뱀을 집으며 무슨 독을 마실지라도 해를 받지 아니하며 병든 사람에게 손을 얹은즉 나으리라

병 고침의 은혜가 성도들에게 있기를 축원한다.

3. 평안하기를 빌라하셨다

마 10:12, 또 그 집에 들어가면서 평안하기를 빌라

평안 - 헬라어로 샬롬이다. 바울은 자신이 쓴 서신에서 첫 머리와 끝부분에 꼭 "은혜와 긍휼과 평강이 있을지어다."라고 하였다.

평안을 빌라는 말씀은 '어려운 일이 없도록 기도해 주어라'는 뜻이다. 우리는 천국 가는 나그네이다. 천국여행을 함께 가는 순례자들이다. 우리가 여행을 하는 도중에는 여러 가지 문제가 닥쳐올 것이다. 그래서 병을 고쳐주라, 평안하도록 기도해 주라고 하셨다.

성도의 기도를 하나님께서 들어주신다. 그래서 예수님께서 시험에 들지 않도록 기도를 하라고 가르쳐 주셨다. 예수님이 함께 하시면 평안을 누린다.

기독교 가정에서의 어린이 교육

마태복음 18:1-14

I. 예수님은 가난한 목수의 가정에서 태어나시고 성장하셨다

예수님은 출생하시자 애굽이라는 먼 나라로 피난살이도 하셨다. 예수님은 전통 유대인 가정교육을 받으시며 성장하셨다.

> 눅 2:22-38, 모세의 법대로 정결예식의 날이 차매 아기를 데리고 예루살렘에 올라가니 이는 주의 율법에 쓴 바 첫 태에 처음 난 남자마다 주의 거룩한 자라 하리라 한 대로 아기를 주께 드리고 또 주의 율법에 말씀하신 대로 산비둘기 한 쌍이나 혹은 어린 집비둘기 둘로 제사하려 함이더라

그곳에서 시몬이란 경건한 할아버지와 아셀 지파 바누엘의 딸 안나라 하는 팔십 사세 할머니로부터 축복을 받았다. 그리고 예수님은 나사렛 동네에서 자라났다.

> 눅 2:40, 아기 예수가 자라며 강하여지고 지혜가 충만 하며 하나님의 은혜가 그의 위에 있더라

눅 2:41-51에 보면, 예수님께서 열두 살 되었을 때는 절기의 관례를 따라 예루살렘 성전에 올라가 율법 선생님들과 토론하며 지내기도 하셨다. 예수님은 나사렛에서 부모의 말씀에 순종하여 효도하며 자랐다.

> 눅 2:52, 예수는 지혜와 키가 자라 가며 하나님과 사람에게 더욱 사랑스러워 가시더라

예수님은 30년 동안 가정에서 부모님께 효도하고, 형제간에 화목하며,

> 눅 3:23, 예수께서 가르치심을 시작하실 때에 삼십 세쯤 되시니라 사람들이 아는 대로는 요셉의 아들이니 요셉의 위는 헬리요

> 막 6:1-6, 사람이 마리아의 아들 목수가 아니냐 야고보와 요셉과 유다 와 시몬의 형제가 아니냐 그 누이들이 우리 와 함께 여기 있지 아니하냐

예수님은 가정교육을 잘 받으셨다. 인격 성장의 과정을 거치셨다. 아버지 요셉은 아마 일찍 죽은 것 같다. 형제들이 무려 4명, 여자가 2명 어머니 마리아 자신 8식구의 생활 책임을 예수님이 지셨다.

2. 예수님은 어린아이들의 귀중함을 교훈하셨다

예수님께서 한 어린 아이를 불러 그들 가운데 세우시고 이르시되,
- 너희가 돌이켜 어린아이가 되라
- 어린아이 같이 자기를 낮추는 사람이 되라
- 어린아이를 영접함은 곧 예수님을 영접하는 것이다.
- 어린아이를 실족케 하지 말라
- 어린아이를 업신여기지 말라 작은 자 하나라도 잃는 것은 하늘에 계신 아 버지의 뜻이 아니라

오 헨리의 작품 중에 어떤 남자가 아내를 잃고 어린 딸을 데리고 사는데 직장에 갔다 오면 어린 딸에게는 무관심 하고 혼자 신문을 보고 자기 할 일만 하였다. 딸아이가 말을 건네 오면 귀찮아 하였다. 후에 그 소녀는 깡패로 자랐다. 그리고 죽어 천국 문 앞에 갔다. 베드로가 "너 같은 아이는 천국에 못 들어 간단다. 죄를 많이 지었기 때문이지." 이때 예수님이 말씀하셨다. "아니라. 이 소녀를 들어오게 하여라 그러나 이 소녀를 돌보아 주지

않은 아버지 같은 사람은 절대로 문 열어 주지말아라." 라는 이야기가 있다.

3. 어린이의 성경교육이 중요하다
세상에서는 교육기관이 크게 4가지가 있다. 가정, 학교, 교회, 사회이다. 그 중에 가정교육이 가장 중요하다.
부모는 어린이의 가장 좋은 교사이다. 특히 부모는 신앙의 모범을 보여 주어야 한다. 관심을 두고 훈련을 시켜야 한다.

> 잠 22:6, 마땅히 행할 길을 아이에게 가르치라 그리하면 늙어도 그것을 떠나지 아니하리라

이스라엘의 아버지는 아들에게 '쉐마 교육'을 엄격하게 가르치고 훈련시킨다.

> 신 6:49, 이스라엘아 들으라 우리 하나님 여호와는 오직 유일한 여호와시니 너는 마음을 다하고 성품을 다하고 힘을 다하여 네 하나님 여호와를 사랑하라

성경을 찾아 읽고 묵상하는 법을 가르쳐 주어야 한다(딤후 3:15-17)
기도하는 법을 가르쳐야 하였다. 아이들이 말하기 전부터 기도하는 모습을 보여드리고 기도 하도록 가르쳐야 한다.
가정예배를 드려야 한다. 부모와 함께 어린 아이들이 경건하게 예배드리는 가정 행복한 가정이다.
교회에 출석하게 해야 한다. 중3, 고3이 되면 진학의 준비 때문에 교회 출석을 하지 않는데 잘못된 신앙이다. 간곡히 부탁드린다. 주일성수는 그 무엇보다도 우선순위에 두어 주일출석을 잘 하도록 하자.

예수님께서 비유로 천국 복음을 증거하셨다

마태복음 13:1-9

I. 예수님은 비유로 천국 복음을 전하셨다

마 13장을 '비유장'이라고 한다. 무려 7 가지의 비유가 기록되어 있다. 씨뿌리는 비유(마 13:1-23), 가라지 비유(마 13:24-30), 겨자씨 비유(마 13:31-32), 누룩 비유(마 13:42), 감춰진 보화 비유(마 13:44), 값진 진주 비유 (마 13:45-46), 바다의 그물 비유(마 13:47-50)이다.

> 마 13:3, 예수께서 비유로 여러 가지를 저희에게 말씀하여 가라사대 씨를 뿌리는 자가 뿌리러 나가서

> 마 13:10, 제자들이 예수께 나아와 가로되 어찌하여 저희에게 비유로 말씀하시나이까

> 마 13:34, 예수께서 이 모든 것을 무리에게 비유로 말씀하시고 비유가 아니면 아무것도 말씀하지 아니하셨으니

비유(比喩), 헬라어(파라볼레): 한 사물 옆에 다른 사물을 대조시켜 나란히 놓는다. 어떠한 관념이나 사물을 그와 비슷한 관념이나 사물을 끌어대어 설명하는 것이다. 예수님은 천국 복음을 전파하실 때 비유로 말씀하셨다.

왜 예수님은 비유의 방법을 사용하셨을까? 비유를 사용하신 이유는 쉽게

알도록 하려고, 모르게 하려고, 진리를 구체화 하려고, 재미있게 하려고, 깊이 생각하게 하려고, 잊어버리지 않도록 하려고, 실천하도록 하려고 이다. 예수님께서 가르치신 비유의 말씀을 읽으면 깨달을 수 있는 것은 성령께서 감화, 감동, 깨닫게 하신다.

2. 예수님의 비유의 말씀을 바로 이해하고 깨닫는 자세가 필요하다

① 말씀을 보고. 듣고. 읽을 때 믿음과 존경으로 대하여야만 한다. 믿음과 존경으로 대할 때 마음 문이 열리고 깨달아지고, 이해가 된다.

② 자신의 삶의 경험으로 대입을 시켜야 실감이 나고 은혜가 된다. 예수님의 씨 뿌리는 비유는 농사를 짓는 성도라면 누구나 알고 실감나는 교훈이다. 바다의 그물비유는 어부들이나 낚시꾼, 고기잡이 하는 사람에게는 재미있는 말씀들일 것이다.

③ 자기의 경험을 깊이 관찰하고, 말씀과 비교해 봄이 필요하다.

④ 현장에 담겨진 의미를 생각하자. 가령 아침에 일어나 세수하는 현장에 비누를 사용할 때 얼굴의 오물이 깨끗이 씻어짐과 같이 예수님의 보혈이 '나의 마음의 죄를 씻어주소서,' 음식을 먹을 때 육신의 양식이 건강을 유지하듯 '영혼의 양식으로 건강한 신앙생활하게 하옵소서' 라는 심정을 경험하게 된다.

⑤ 비유 속에 계신 예수 그리스도를 만나도록 하자. 비유의 말씀은 예수님이 중심이다. 그러므로 모든 사건마다, 경험마다, 모든 형상마다 주어지는 하나님의 말씀이요 계시의 말씀이심을 알고, 깨닫고, 주님을 만나는 체험의 사건들이 되어야 한다. 예를 들어 개나리, 매화, 목련화 꽃피는 것을 보고 그냥 아름답다고 감탄할 것이 아니라 하나님의 섭리, 하나님이 긴긴 겨울 지나 봄이라는 계절을 주니 꽃들이 아름답게 피는구나, 하

나님의 창조섭리를 깨닫는 것이 성도의 지혜이다. 비유의 말씀은 우리 생활 속에 그대로 다가와 있음을 깨닫자. 그래서 믿음의 눈으로 보고, 믿음의 귀로 들으며, 믿음의 마음으로 받으면 한없는 은혜가 넘친다.

3. 예수님은 씨 뿌리는 비유로 복음을 전파하셨다

씨 뿌리는 비유를 18-23절에 해석하셨다.

> 마 13:4, 길가에 떨어지매 새들이 와서 먹어 버렸고

> 19절, 아무나 천국 말씀을 듣고 깨닫지 못할 때는 악한 자가 와서 그 마음에 뿌리운 것을 빼앗나니

이는 곧 길가에 뿌리운 자요, 길가와 같은 마음 밭임을 알 수 있다. 농부가 길가와 같은 밭을 깊이 파고 뒤엎어 거름을 주고 마침내 옥토로 개간 하듯 완고한 사람의 마음이라도 성령의 불로 능력 있는 좌우에 날선 검 같은 말씀으로 마음과 뜻을 감찰하여(히 4:12) 마침내 좋은 마음 밭을 만들어야 한다.

> 마 13:5, 흙이 얇은 돌밭에 떨어지매

> 마 13:20-21, 돌밭에 뿌리웠다는 것은 말씀을 듣고 즉시 기쁨으로 받되 그 속에 뿌리가 없어 잠시 견디다가 말씀을 인하여 환난이나 핍박이 일어나는 때에는 곧 넘어지는 자요

농부들은 돌밭을 만나면 곡괭이로 돌을 파내고 이동시켜 놓는다. 그리고 흙으로 채우고 돋우고 거름을 주고 씨앗이 자라날 수 있는 환경을 만든다. 이와 같이 환난과 핍박이 닥쳐오는 환경을 극복해 내어야 한다. 하나님의 사랑으로 방해요소를 제거해 내면 결국 좋은 밭이 된다.

> 마 13:7, 더러는 가시 떨기 위에 떨어지매

> 22절, 가시 떨기에 뿌리웠다는 것은 말씀을 들으나 세상의 염려와 재리의 유혹에 말씀이 막혀 결실치 못하는 자요

씨앗은 햇볕을 향해 자라난다. 햇볕을 가리는 장애물이 있으면 튼튼하게 자라지 못할 뿐 아니라 견실한 열매를 기대할 수 없다. 부지런한 농부는 톱이나 도끼 등 연장을 가지고 가시나무를 톱으로 자르고 도끼로 찍어 따내고, 땀을 흘리며 뿌리채 뽑아버리고 직업을 하여 마침내 방해물을 제거한다.

우리의 마음 밭도 이와 같다. 성령의 도우심과 경건의 훈련과 예수님의 온유, 겸손한 마음을 닮아가는 노력이 있어야 한다.

"악인이 만일 그 행한 모든 죄에서 돌이켜 떠나 내 모든 율례를 지키고 법과 의를 행하면 정녕 살고 죽지 아니할 것이라 그 범죄한 것이 하나도 기억함이 되지 아니하리니 그 행한 의로 인하여 살리라."(겔 18:21-22) 하셨다. 하나님께서는 죄인이 돌이켜 그 길에서 떠나서 사는 것을 기뻐하신다.

> 마 13:8, 더러는 좋은 땅에 떨어지매 혹 백배, 혹 육십 배, 혹 삼십 배의 결실을 하였느니라

> 23절, 좋은 땅에 뿌리웠다는 것은 말씀을 듣고 깨닫는 자니 결실하여 혹 백배, 혹 육십 배, 혹 삼십 배가 되느니라

어린이들도 하나님의 가족이다

마태복음 19:13-15

1. 예수님께 데려와 축복기도 받기를 원하는 부모들이 있었다

예수님께 어린이를 데려와 안수기도 받기를 원하는 부모들은 자기의 자식들이 축복을 받아 훌륭한 인물로 성장하기를 소원하였다. 가족은 아버지와 어머니 그리고 아들딸들이다. 가족은 서로서로가 위로하고, 사랑하고 잘 되기를 소원한다.

가족은 아들, 딸을 성장시켜 결혼시켜서 후손이 번창하기를 소원한다. 손자 손녀를 얻으면 자랑스럽게 생각하고, 아들, 딸을 양육할 때 보다 더 사랑스러워 한다. 왜 그럴까? 가족이기 때문이다.

나의 가족이 건강하고, 나의 가족이 믿음생활 잘 하고, 하나님께 복을 받아 잘 되는 모습을 보면 근심걱정이 사라지게 된다.

> 요3서2, 사랑하는 자여 네 영혼이 잘 됨 같이 네가 범사에 잘 되고 강건하기를 내가 간구하노라

> 잠 3:1-10, 내 아들아 나의 법을 잊어버리지 말고 네 마음으로 나의 명령을 지키라 그리하면 그것이 너로 장수하여 많은 해를 누리게 하며 평강을 더하게 하리라

우리는 내 자녀, 내 핏줄만 챙기지 말고 이웃집 불신 어린이도 내 가족, 내 자식, 내 자녀로 생각하고 예수님께로 데려와 복을 받도록 하자.

유명한 주석가 매튜 헨리는 11세 때, 교회에 출석하여 은혜 받고 회개하여

훌륭한 성경 주석가가 되었다. 미국의 유명한 부흥의 선구자 요나단 에드워드는 목사의 아들로 신앙교육을 받았고 7세 때, 회개하고 아버지 대를 이어 훌륭한 부흥 목사가 되었다.

구세군 창설자 윌리엄 부스 대장은 '어떻게 자녀를 기르면 좋을까요'라는 질문에, "마귀가 손대기 전에 하나님께 드려 길러라."고 하였다.

어릴 때부터 예수님께 나아와 안수기도 받고, 신앙으로 자라면 하나님께서 그의 장래를 책임지고 잘 되게 하신다. 전설에 의하면 그때 예수님께 안수기도 받은 어린이들 가운데 후일 안디옥교회 유명한 교부 이그나티우스가 나왔다고 한다. 우리 가정의 자녀는 곧 우리 모두의 자녀이다. 우리 교회의 모든 성도는 가족공동체임을 잊어버리지 마시기를 축원한다.

2. 제자들은 어린이를 예수님께 데리고 오는 것을 제지하였다

> 마 9:13, 사람들이 예수의 안수하고 기도하심을 바라고 어린아이들을 데리고 오매 제자들이 꾸짖거늘

제자들은 기도를 바라고 온 사람들을 꾸짖었다. 이 자리에, 만약에 베드로의 아내가 자기 자식을 데려왔다고 가정하면 어떻게 하였을까? 사람들이 어린아이를 안고 안수기도 받으러 몰려오자 악의는 없었을지라도 자기의 친 가족이라는 생각이 없었기 때문이라는 생각이 든다. 제자들이 가족이라는 생각을 했더라면 꾸짖기 전에 예수님께 간청을 하였을 것이다. 이웃의 불신 어린이들도 내 가족, 내 친 아들, 딸 같이 대우하자.

3. 예수님은 어린이를 최고로 존귀하게 환영하셨다

> 마 19:14-15, 예수님께서 가라사대 어린아이들을 용납하고 내게 오는 것을 금하지 말라 천국이 이런 자의 것이니라 하시고 저희 위에 안수하시고 거기서 떠나시니라

예수님은 어린이들을 최고로 존귀히 여기셨다. 천국이 이런 자의 것이니라 하시고, 어린이들을 안수기도 해 주셨다. 예수님은 어린이들을 한 가족으로 대우해 주신 것이다.

> 눅 8:19-21, 예수의 모친과 그 동생들이 왔으나 무리를 인하여 가까이하지 못하니 혹이 고하되 당신의 모친과 동생들이 당신을 보려고 밖에 섰나이다 예수께서 대답하여 가라사대 내 모친과 내 동생들은 곧 하나님의 말씀을 듣고 행하는 이 사람들이라 하시더라

하나님 앞에서는 어른도, 어린이들도 모두가 하나님이 아버지가 되시고, 우리는 모두 가족이 되었다.

> 갈 4:6-7, 너희가 아들이므로 하나님이 그 아들의 영을 우리 마음 가운데 보내사 아빠 아버지라 부르게 하셨느니라 그러므로 네가 이후로는 종이 아니요 아들이니 아들이면 하나님으로 말미암아 유업을 이을 자니라

4. 부모들이 해야 할 일이 있다

- 신앙생활의 모범을 보이자. 성경읽기. 찬송 부르기. 기도하는 모습을 보여야 한다.
- 자녀들을 교회에 출석시켜 종교 교육을 받도록 힘쓰자.(신 11:19)
- 신앙의 인격자로 길러야 한다.
- 경건훈련을 받게 해야 한다.(딤전 4:8)

섬기며 봉사하고 사랑을 베풀 수 있도록 양육하자. 어린이도 하나님의 자녀, 하나님의 가족임을 잊지 말자.

예수님은 나귀를 타시고 예루살렘에 입성하셨다

마태복음 21:1-11

1. 예수님은 나귀를 타고 예루살렘에 입성하셨다

예수님께서 나귀를 타고 예루살렘의 입성은 주전 500년에 스가랴 선지자를 통해 예언되었고, 그 예언이 예수님에게 성취되었다.

> 슥 9:9, 시온의 딸아 크게 기뻐할지어다. 예루살렘의 딸아 즐거이 부를 지어다 보라 네 왕이 네게 임하나니 그는 공의로우며 구원을 베풀며 겸손하여서 나귀를 타나니 나귀의 작은 것 곧 나귀새끼니라

군중들이 외치는 환호성도 성경은 예언해 두었다.

> 마 21:9, 호산나 다윗의 자손이여 찬송하리로다 주의 이름으로 오시는 이여 가장 높은 곳에서 호산나 하더라

"여호와여 구하옵나니 이제 구원하소서 여호와여 우리가 구하옵나니 이제 형통케 하소서 여호와의 오는 자가 복이 있음이여 우리가 여호와의 집에서 너희를 축복하였도다."(시 118:25-26) 라는 말씀이 성취되었다.

호산나는 히브리어로 "호시아나"를 음역, 그 뜻은 '우리를 구원하소서. 여호와여 우리가 구하옵나니 이제 형통케 하소서'이다.

"호산나 예수여"란 말은 '예수님, 우리를 구원하옵소서!'이다. 예수님만이 우리의 구원자이시다. 나귀타고 오시는 예수님은 우리 마음의 예루살렘에 영접하자. 그리고 호산나 다윗의 자손이신 주님을 찬양하자.

2. 예루살렘은 하나님의 성전이 있는 거룩한 장소이다

예수님께서 입성하신 곳은 예루살렘이다. 이스라엘 나라에도 여러 도성이 있지만 예수님은 예루살렘으로 입성하셨다. 신령한 뜻이 있음을 알아야 한다. 예루살렘을 시온성이라고 하고, 다윗성이라고도 한다.

다윗은 예루살렘을 여부스 족속으로부터 빼앗아 다윗 성 또는 시온성이라고 개명하고 이스라엘국의 도읍으로 삼았다.(삼하 54-10) 그리고 하나님의 법궤를 다윗 성으로 옮겼다.(삼하 6) 솔로몬은 하나님의 성전을 예루살렘 모리아 산에 건축하였다.(대하 3장~5장) 다윗의 등불은 계속되었고 예수님은 다윗의 왕통을 이으신 만왕의 왕이시다.

> 마 1:1, 아브라함과 다윗의 자손 예수 그리스도의 세계라

예수님은 예루살렘 성전에 가셔서 '내 집은 만민의 기도하는 집'이라고 하셨다.(마 21:13) 이 시간에, 나귀를 타고 오시는 예수님을 우리 마음의 성전에 영접하자. 사도 바울은 우리 몸이 하나님의 성령이 거하시는 신령한 전이라고 하셨다.

> 고전 6:19, 너희 몸은 너희가 하나님께 로부터 받은 바 너희 가운데 계신 성령의 전 인줄 알지 못하느냐 너희는 너희 것이 아니라 값으로산 것이 되었으니 그런즉 너희 몸으로 하나님께 영광을 돌리라

3. 예수님께서 예루살렘에 입성하신 의미가 있다

① 예수님이 구원자, 메시아이심을 선언하는 의미가 있다. 예수님은 여러 차례 예루살렘을 방문한 적이 있으시다. 모세의 법대로 결례를 받기 위해서 예루살렘에 가셨다.(눅 2:22) 그리고 열두 살 때 부모와 함께 절기의 전례를 따라 예루살렘에 가셨다.

요 2:23, 유월절에 예수께서 예루살렘에 계시니

예수님은 여러 번 예루살렘에 가셨으나 이번에는 나귀 새끼를 타고 올라가신 것은 공의와 구원을 베푸시기 위한 메시야이심을 선포하신 것이다.(슥 9:9) 예수님은 온 인류, 만민의 구원자이시다.

② 예수님께서 예루살렘에 오신 것은 승리의 입성이시다. 전쟁에 승리한 장군은 말을 타고 입성한다. 예수님은 자신이 예언하신대로 며칠 후에 십자가에 비참하게 못 박히시고 참혹하게 죽으실 것이다.(마 2018-19) 그러나 예수님은 제삼일에 살아나셨다. 죽음에서 승리하신 것이다. 마귀를 박멸하신 것이다.

예수님은 사망 권세를 이기시기고, 승리하신 우리의 구주이시다. 승리의 주님을 모시고 죄악에서 이기는 자가 되자.

③ 예수님이 겸손하신 왕이심을 보여주셨다. 예수님은 천군만마 대신 나귀 새끼를 타셨고, 창과 검을 가진 군인들 대신 종려가지의 흔들림 속에, 요란한 군악대 나팔소리 대신 어린아이들의 찬양과 환호를 받으며 입성하신 것은 평강의 왕, 겸손의 왕이시기 때문이시다.(사 9:6)

④ 예수님의 나귀타고 입성하심은 후일 재림의 성취를 확증하심이다. 초림의 예수님은 십자가로 승리하셨고 재림의 예수님은 영광의 주, 만왕의 왕, 심판의 주로 오실 것을 확증하신 것이다.

마 24:31, 저가 큰 나팔 소리와 함께 천사들을 보내리니 저희가 그 택하신 자들을 하늘이 끝에서 저 끝까지 사방에서 모으리라

구원의 확신만 있으면 거짓 그리스도들과 거짓 선지자들을 물리친다

마태복음 24:23-28

1. 이단에 대한 경고를 예수님께서 알려주셨다

예수님은 말세가 되면 적그리스도, 거짓 선지자가 나타나고 표적과 기사를 일으켜 유혹할지라도 속지 말라고 경고하셨다.

> 마 24:23, 그때에 사람들이 너희에게 말하되 보라 그리스도가 여기 있다. 혹 저기 있다. 하여도 믿지 말라

> 24절, 거짓 그리스도들과 거짓 선지자들이 일어나 큰 표적과 기사를 보이어 할 수만 있으면 택하신 자들로 미혹하게 하리라

> 25절, 보라 내가 너희에게 미리 말하였노라

> 26절, 보라 그리스도가 광야에 있다 하여도 나가지 말고 보라 골방에 있다 하여도 믿지 말라

2. 사도들도 이단을 경계할 것을 가르쳐 주었다

> 벧후 2:1-9, 그러나 또한 거짓 선지자들이 일어났었나니 이와 같이 너희 중에도 거짓 선생들이 있으리라 저희는 멸망하게 할 이단을 가만히 끌어들여 자기들을 사신 주를 부인하고 임박한 멸망을 스스로 취하는 자들이라

> 고후 11:13-15, 그런 사람들은 거짓 사도요 속이는 일꾼이니 자기를

그리스도의 사도로 가장하는 자들이니라 이것이 이상한 일이 아니라 사단도 자기를 광명의 천사로 가장하나니

갈 1:8, 그러나 우리나 혹 하늘로부터 온 천사라도 우리가 너희에게 전한 복음 외에 다른 복음을 전하면 저주를 받을지어다

살후 2:4, 저는 대적하는 자라 범사에 일컫는 하나님이나 숭배함을 받는 자 위에 뛰어나 자존하여 하나님 성전에 앉아 자기를 보여 하나님이라 하느니라

요일 2:22, 거짓말 하는 자가 누구뇨 예수께서 그리스도이심을 부인하는 자가 아니뇨 아버지와 아들을 부인하는 그가 적그리스도니

요일 4:3, 예수를 시인하지 아니하는 영마다 하나님께 속한 것이 아니니 이것이 곧 적그리스도의 영이니라

요이 1:10-11, 누구든지 이 교훈을 가지지 않고 너희에게 나아가거든 그를 집에 들이지도 말고 인사도 말라 그에게 인사하는 자는 그 악한 일에 참예하는 자임이니라

딛 3:10-11, 이단에 속한 사람을 한두 번 훈계한 후에 멀리하라 이러한 사람은 네가 아는 바와 같이 부패하여서 스스로 정죄한 자로서 죄를 짓느니라

3. 이단에 빠지지 않으려면?

① 구원의 확신을 가져야 한다.

요 5:24, 내가 진실로 진실로 너희에게 이르노니 내 말을 듣고 또 나 보내신 이를 믿는 자는 영생을 얻었고 심판에 이르지 아니하나니 사망에서 생명으로 옮겼느니라

② 말씀 위에 든든히 세워진 신앙을 가져야 한다. 성경을 읽지도 않고 평소에 목사의 설교와 구역공과 공부와 성경공부를 등한히 하여 말씀 결핍증에 걸린 사람들이 이단의 유혹에 잘 빠지게 된다. 우리가 하나님 중심, 성경 중심, 교회 중심, 가정 중심, 목회자 중심으로 살면 이단이 침범할 수 없다.

③ 사랑의 결핍증에 걸린 사람들이 이단의 유혹에 잘 빠진다. 자신이 생각해서 '나는 많은 성도들로부터 사랑을 받고 있다'고 생각이 드시면 감사하라. 많은 무리 속에서도 고독하고 외로운 사람이 있다. 사랑의 결핍증이다. 마음을 열고 성도의 사랑을 받아들이자. 하나님의 사랑, 예수님의 대속의 은혜를 받고 있다는 믿음을 갖자. 그리고 이웃을 사랑하라. 사랑을 베풀어 보면 사랑을 느낄 수 있다.

요일 3:16, 그가 우리를 위하여 목숨을 버리셨으니 우리가 이로써 사랑을 알고 우리도 형제들을 위하여 목숨을 버리는 것이 마땅하니라

결론 - 이단은 멀리 있는 것이 아니다. 일가친척, 형제간에도 이단을 추종하고 유혹하려고 할 것이다. 조치원 지역에도 모 교회의 반주자가 신천지에 빠졌다고 한다. 어떤 교회는 몇 십 명씩 이탈해 나갔다고 한다. 우리 교회 성도는 한분도 이단에 빠지지 말고 신앙에 굳건히 서기를 축원한다.

요일 5:4, 대저 하나님께로서 난 자마다 세상을 이기느니라 세상을 이긴 이김은 이것이니 우리의 믿음이니라

칼(무기)로 망할, 칼 가진 자

마태복음 26:47-56

1, 칼을 가지면 칼을 사용하게 된다

북한은 핵실험을 1차, 2차 성공하였다고 큰소리 치고 있다. 대륙간 탄도탄 미사일도 계속 시험 발사하고 있다. 이웃의 강대국 러시아, 일본, 중국 그리고 미국이 제지하고 있지만 듣지 않는다. 우리나라는 6.25와 같은 전쟁이 일어날까 두려워하고 있다.

만약 북한이 탄도탄을 남쪽이나 미국, 일본 쪽으로 발사하게 된다면 미국은 공중 분해시킬 미사일이 준비되어 있다고 한다. 그런데 일본은 2차 전쟁을 먼저 도발했다가 패망한 나라이다. 전쟁사를 보면 항상 무기를 만들고 그 무기를 먼저 사용하는 나라가 먼저 망한 것이 역사의 교훈이다. 폭력을 쓰면, 권력을 남용하면 그것으로 망한다.예수님의 말씀은 진리이다.

마 26:52, 칼을 가지는 자는 다 칼로 망하느니라

칼이 무엇인가? 오늘날의 무기를 말한다. 무기도 고성능 무기요 가공할 무기들이다. 일본의 히로시마에 투척된 원폭으로 30만 명이 일순간에 죽었다. 그것으로 끝이 나지 않는다. 원자병이란 것이 생겨난다. 원자병으로 지금도 고통 받는 사람들이 많이 있다.

2. 북한은 하나님을 무시하는 나라이다

하나님을 무시하는 것을 하나님은 싫어하신다.

> 시 53:1, 어리석은 자는 그의 마음에 이르기를 하나님이 없다 하도다 그들은 부패하며 가증한 악을 행함이여 선을 행하는 자가 없도다

1945년 8월 15일, 대한민국이 일본으로부터 해방이 되었다. 우리나라가 힘이 있어 해방된 것이 아니다. 전적 하나님의 은혜요 하나님의 축복이 있다. 그런데 이게 웬일인가? 38선을 경계로 북한은 구소련을 등에 업고 김일성 공산국가로, 남한은 자유민주주의 이승만 대통령을 세웠다.

북한의 김일성은 조선 인민공화국이라 명칭하고, 모든 토지를 국유화 시켜버렸다. 1946년 11월 3일 주일에 북조선 인민위원 선거가 있었는데 김일성의 외척 강양욱 목사를 조선기독교도 연맹을 조직하고 김일성을 지지운동을 일으키게 하였다.

우리는 김일성 정부를 절대 지지한다.

- 우리는 남한정권을 인정하지 않는다.
- 교회는 민중의 지도자가 될 것을 공약한다. 그러므로 교회는 선거에 솔선 참가한다.(당시에, 애국적 목사와 교인들은 주일선거를 반대하였다.)

3. 신앙교육이 중요하다

하나님을 바로 믿자. 김일성의 본명은(김성주)이다. 아버지는 김형직, 어머니는 강돈욱 장로의 딸 강반석(반석은 베드로의 명칭)이다. 강반석은 어머니를 따라 칠골교회 유년주일학교에 다녔다. 김일성은 죽기 얼마 전에 공산당 따라 칠곡교회를 세웠고 봉수교회, 위장용이지만 허용하여 현재 북한에는 두 개의 교회가 있다.

김형직과 강반석의 가정에서 태어난 김일성 신앙교육을 제대로 받지 않고

공산주의 유물주의에 집착하였다. 그는 공산국가를 세우고 예수를 믿는 성도를 핍박하고 교회를 다 파괴하였고, 6.25전쟁을 일으켜 수많은 생명을 죽게 만들었다.

동방의 예루살렘으로 불리던 평양에는 당시에 270개 교회가 있었고, 북한 전역에 2,600개 교회가 있었다. 김일성 공산정권은 '종교는 아편'이라 하여 교회를 폐쇄 기독교인을 반동분자로 몰아 처형 박해를 가하고 교회는 없어졌고 교인들은 죽었다. 그러나 지금도 북한에는 지하교회 교인이 1만2천명이 있다고 한다.

1950년 6월 25일 김일성 인민군 부대는 소련제 탱크 300대를 앞세우고 주일 새벽 4시에 일제히 남침을 자행하였다. 서울은 3일 만에 점령, 계속 남진 최후 낙동강 전선에서 대치 하나님의 도우심으로 UN 16개국 참전으로 북진 압록강까지 진격했으나 중공군의 침략으로 다시 후퇴 3년간의 전쟁 끝에 휴전이 생기고 오늘에 이르고 있다.

북한은 무력으로 적화통일을 부르짖고 있다. 그래서 핵실험도 하고 대포동 미사일도 발사하고 있으며 개성공단 사업도 문을 닫았다. 남한은 복음으로 평화통일 되기를 기도하고 있다. 남한 정부와 기업은 그래도 인내심을 가지고 계속 대책협의를 하여 적정선에서 잘 협상이 되어 개성공단이 정상 가동되기를 우리 성도들은 기도해야 힐 것이다.

의인들은 영생에 들어가리라

마태복음 25:31-46

1. 오른편의 양, 왼편의 염소를 구분하시는 심판주

> 마 25:31~33, 인자가 자기 영광으로 모든 천사와 함께 올 때에 자기 영광의 보좌에 앉으리니 모든 민족을 그 앞에 모으고 각각 구분하기를 목자가 양과 염소를 구분하는 것 같이 하여 양은 그 오른편에 염소는 왼편에 두리라

오른편의 양을 의인이라고 한다. 그리고 복 받을 자들이고 영생에 들어갈 자들이라고 예수님께서 증명하여 주셨다. 매우 중요한 뜻이 있다. 오른편 또는 우편은 하나님의 편이다. 오른편에 있는 사람들은 하나님의 명령을 지키며, 하나님을 사랑하고, 말씀을 순종하며, 이웃을 사랑하고, 봉사 실천하며 하나님께 영광을 돌리는 사람들이다.

2. 오늘, 우리들을 향해 오른편 성도가 되기를 원하신다

고대 근동 아시아 사람들은 동서남북을 생각할 때 동쪽이 앞쪽이고 서쪽은 뒤쪽, 오른쪽은 남쪽, 왼쪽은 북쪽으로 방향을 정하였다. 집을 지을 때 동남쪽으로 짓는 이유가 있다. 해는 동쪽에서 남쪽으로 돌아 서쪽으로 진다. 해가 뜨면 물체의 그림자가 생기는 데 그림자는 항상 뒤쪽, 북쪽 또는 서쪽에 생기게 된다.

예루살렘 성전에 문이 여러 개가 있지만 성소(성전)의 문은 동쪽으로만 내게 되어 있다. 예수님은 해가 되시고 동쪽 문으로 비추기 때문에 성전에서는 항상 동쪽을 바라보고 출입하였다.(겔 47:1)

하나님의 오른손은 능력의 손이고, 권위의 손이고, 영광의 손이다. 예수님은 하나님 우편 위에 계신다.

> 행 7:55, 스데반이 성령 충만하여 하늘을 우러러 주목하여 하나님의 영광과 및 예수께서 하나님 우편에 서신 것을 보고

> 벧전 3:22, 그는 하늘에 오르사 하나님 우편에 계시니 천사들과 권세와 능력들이 그에게 복종하느니라

이스라엘 백성은 하나님의 성전이 있는 도성 예루살렘이 위치적으로 오른쪽에 있고 갈릴리 지역은 왼쪽에 있음을 알고 있다. 영적으로 하나님은 예루살렘 시온성에서 통치하시므로 오른쪽은 좋은 곳, 능력 있는 곳으로 소중히 여긴다.

예루살렘은 성전이 있고, 하나님이 통치하시고, 언제나 은혜가 있고, 빛이 있고, 영광이 있는 곳이다.

> 시 12:15, 여호와는 너를 지키시는 이시라 여호와께서 네 오른쪽에서 네 그늘이 되시나니

> 시 122:6, 예루살렘을 위하여 평안을 구하라 예루살렘을 사랑하는 자는 형통하리로다

> 시 133:3, 헐몬의 이슬이 시온의 산들에 내림 같도다 거기서 여호와께서 복을 명령하셨나니 곧 영생이로다

이스라엘 역사를 보면 타국의 침략은 항상 북쪽에 있는 나라들이었다. 앗수르, 바벨론, 이람 나라는 모든 북쪽에 있는 나라로 남쪽 이스라엘 민족을 괴롭혔다. 우리나라도 북쪽 중공, 몽고, 청나라, 소련이 침공해 왔었다. 지금도 북한 김정일은 김정은을 후계자로 삼 대째 세습 독재하면서 핵실험

을 하고 남쪽 우리나라를 적화통일하려고 계획한다.

3. 우편 성도가 되려면 어떻게 해야 할까?
예수님은 오른쪽 양을 의인들이라고 하셨다.(마 25:34) 왼편은 마귀의 편이다(마 25:41)예수님께서 오른편에 있는 의인들에게 축복을 하셨다.

> 마 25:34-40, 그 오른편에 있는 자들에게 이르시되 내 아버지께 복 받을 자들이여 나아와 창세로부터 예비된 나라를 상속받으라

예비된 나라는 곧 천국이다. 천국 백성들이 한 일이 있다. 주린 자에게 먹을 것을 주었다. 목마를 때에 마실 것을 주었다. 나그네를 영접하였다. 벗었을 때에 옷을 입혔다. 병들었을 때에 돌보아 주었다. 옥에 갇혔을 때에 면회를 가 주었다(마 25:35-39)

> 마 25:40, 너희가 내 형제 중에 지극히 작은 자 하나에게 한 것이 곧 내게 한 것이니라

4. 왼편은 저주 받은 자들, 영영한 불에 들어가 영벌을 받는 자들이다
주님께서 왼편에 있는 자들에게 죄목을 추궁하셨다.(마 25:44~45)
주린 자에게 먹을 주지 아니하였고, 목마를 때에 마시게 아니하였고, 나그네 영접하지 않았고, 헐벗었을 때 옷 입히지 아니하였고, 병들었을 때 돌보지 않았고, 옥에 갇혔을 때 면회도 가지 않았다.

> 마 25:45, 지극히 작은 자 하나에게 하지 아니한 것이 곧 내게 하지 아니한 것이니라

성찬 참석자들의 각오

마태복음 26:26-29

예수님은 세례 요한에게 세례를 받으셨다.

> 눅 3:21-22, 백성이 다 세례를 받을새 예수도 세례를 받으시고 기도하실 때에 하늘이 열리며 성령이 비둘기 같은 형체로 그의 위에 강림하시더니 하늘로부터 소리가 나기를 너는 내 사랑하는 아들이라 내가 너를 기뻐하노라 하시니라

예수님은 성령에게 이끌리어 광야에 가서서 40일 밤낮으로 금식하셨다.(마 4:1-2) 금식하신 후 주리신지라 마귀가 예수님을 세 가지로 시험을 하였다.

① 마 4:3, 네가 만일 하나님의 아들이어든 명하여 이 돌들로 떡 덩이가 되게 하라

예수님은: 마 4:4, 사람이 떡으로만 살 것이 아니요 하나님의 입으로부터 나오는 모든 말씀으로 살 것이라

② 마 4:5, 성전 꼭대기에 뛰어 내리라

예수님은: 마 4:7, 주 너의 하나님을 시험하지 말라 하였느니라 하시니

③ 마 4:8~9, 지극히 높은 산으로 가서 천하만국과 그 영광을 보여 이르되 만일 내게 엎드려 경배하면 이 모든 것을 네게 주리라

예수님은 -

> 마 4:10, 사탄아 물러가라 기록되었으되 주 너의 하나님께 경배하고 다만 그를 섬기라 하였느니라

11절, 이에 마귀는 예수를 떠나고 천사들이 나아와서 수종드니라

예수님은 갈릴리 해변에서 고기를 잡는 어부들을 불러 제자로 삼으셨다. 베드로, 안드레, 야고보 요한을 불러 사람 낚는 어부가 되게 하셨다.(마 4:17-22)

예수님은 12제자를 택하시고(마 10:1) 3년 동안 제자들과 함께 전도여행을 하셨다. 예수님은 제자들과 함께 오병이어의 기적을 베푸시며 무리들과 함께 식사도 하셨다. 갈릴리 가나 혼인잔치에 참석하여 물로 포도주를 만들어 축하해 주었다.(요 2:1-12) 예수님은 세리장 삭개오 집에 가서 유하시며 삭개오가 구원 받은 사실의 기쁜 소식을 확신시켜 주셨다(눅 19:1-10) 함께 식사하셨고 함께 주무시고, 함께 주님과 말씀의 교제를 나누던 시간들이 있었다.

이제 송별의 시간이 다가왔다. 주님은 베드로와 요한 두 제자로 유월절 준비를 시켰다.(눅 22:7~13) 예수님은 제자들과 함께 최후 송별의 식사를 하셨는데, 곧 성만찬이다.

예수님께서 제자들에게 "내 아버지의 나라에서 새것으로 너희와 함께 마시는 날까지 마시지 아니하리라"(마 26:29)고 하신 것은 다시 만나 함께 식탁을 가질 것을 약속하는 말씀이다. 오늘, 성만찬을 어떤 각오로 먹고 마셔야 할 것인가를 상고하며 은혜를 받고자 한다.

첫째, 주님과 거룩한 식탁교제에 참석한 것이다.

감사하는 마음을 가져야 한다. 청함을 받은 자만이 함께 한다. 주님은 만왕의 왕이시오. 만주의 주님이시다. 성만찬은 아무나 참석하는 것이 아니다. 거룩한 교제의 장소요 거룩한 식탁이기 때문이다. 예수님의 식탁에 참

여할 자는 믿음으로 신앙고백을 하고, 성부 성자 성령의 이름으로 세례 받은 자는 참석할 수 있다. 주님의 거룩한 식탁교제에 참석한 것에 감사의 마음이 있어야 한다.

둘째, 주님의 사랑에 헌신하는 다짐을 가져야 한다.
주님의 성찬을 대할 때마다 주님의 희생적인 사랑을 기억하여야 한다.

> 마 26:26, 떡을 가지사 축복하시고 떼어 제자들에게 주시며 이르시되 받아서 먹으라 이것은 내 몸이니라 하시고

> 마 26:27-28, 또 잔을 가지사 감사 기도 하시고 그들에게 주시며 이르시되 너희가 다 이것을 마시라 이것은 죄 사함을 얻게 하려고 많은 사람을 위하여 흘리는 바 나의 피 곧 언약의 피니라

언약이란? 약속 또는 맹세란 뜻이다. 주님께서도 우리의 죄를 사해 주시겠다고 맹세하신 것을 기억해야 한다. 이토록 자신의 생명을 주시며 우리를 구원해 주셨는데 주님의 몸, 주님의 피를 상징하는 떡과 잔을 먹고 마시면서 아무 느낌도 없이 그냥 먹고 마시면 되겠는가? 주님의 사랑에 감사하고 그에게 헌신하는 삶의 다짐이 있어야 할 것이다.

셋째, 성만찬은 언약의 표식이다.
노아 홍수 이후 무지개는 하나님께서 다시는 홍수로 심판하지 않으시겠다는 언약의 표식이다.(창 9:11-17) 할례는 아브라함의 후손에게 약속의 자손이란 언약의 표식이다.(창 17:10-14) 유월절은 이스라엘 민족을 해방시켜 주셨다는 하나님의 표식이다.(출 12:13-14) 십자가는 예수님의 희생적 사랑과 구원의 표식이 된다. 성만찬은 예수 안에서 거룩한 하나님의 자녀가 된 표식이다.

주님 축복의 성찬

마태복음 26:26~30

1. 바울은 성만찬 예식에 대한 설명을 하였다

고전 11:23-29, 내가 너희에게 전한 것은 주께 받은 것이니 곧 주 예수께서 잡히시던 밤에 떡을 가지사 축사하시고 떼어 이르시되 이것은 너희를 위하는 내 몸이니 이것을 행하여 나를 기념하라 하시고 식후에 또한 그와 같이 잔을 가지시고 이르시되 이 잔은 내 피로 세운 새 언약이니 이것을 행하여 마실 때마다 나를 기념하라 하셨으니 너희가 이 떡을 먹으며 이 잔을 마실 때마다 주의 죽으심을 그가 오실 때까지 전하는 것이니라 그러므로 누구든지 주의 떡이나 잔을 합당하지 않게 먹고 마시는 자는 주의 몸과 피에 대하여 죄를 짓는 것이니라 사람이 자기를 살피고 그 후에야 이 떡을 먹고 이 잔을 마실지니 주의 몸을 분별하지 못하고 먹고 마시는 자는 자기의 죄를 먹고 마시는 것이니라

왜 우리가 떡을 주님의 몸이라고 하며 왜 포도즙을 주님의 피라고 하는지 그 뜻을 알고 먹고 마셔야 한다. 성찬의 참뜻을 알려면 세례 문답을 하고 세례를 받아야 알 수 있는 것이다.

2. 주님의 성찬은 축복된 예식이다

"그들이 먹을 때에 예수께서 떡을 가지사 축복하시고 떼어 제자들에게 주시며 이르시되 받아서 먹으라 이것은 내 몸이니라."(마 26:26)고 하셨다. 성만찬을 시행하시며 기록된 본문에 중요한 의미가 있는 4개의 동사가 있다.

- 가지사(Take): 여러 개의 떡 중에 선택자 됨을 뜻한다.
- 축복하시고(Blessed): 주님의 손에 축복받은 자를 의미한다.
- 떼어(Broke): 상처를 받은 자를 의미한다.
- 주셨다(Gave): 나누어 주는 자가 되라는 선언이다.

성찬은 참예한 우리 모두가 누구인지 우리의 정체성을 확인하는 자리이다. 성찬을 받아먹고 마시며 우리가 어떻게 살아가야 할 것인가를 확인하는 자리인 것이다. 주님의 복된 성찬에 참여한 우리 자신의 정체성을 확인하는 시간이 되시기를 축원한다.

① 우리는 선택 받은 자이다. 예수님은 성만찬예식을 거행하시면서 여러 개의 떡 중에서 하나를 선택하여 성찬용으로 사용하셨다. 여러 개 중에서 구별된 선택은 복 받은 자를 의미한다.

㉮ 예수님은 인류를 위한 속죄의 어린양으로 창세 전부터 선택 되신 인류의 구세주이시다.(창 3:15)

마 3:17, 이는 내 사랑하는 아들이요 내 기뻐하는 자라

㉯ 우리는 예수 그리스도 안에서 선택받은 자이다.

엡 1:4-5, 창세 전에 그리스도 안에서 우리를 택하사 우리로 사랑 안에서 그 앞에 거룩하고 흠이 없게 하시려고 그 기쁘신 뜻대로 우리를 예정하사 예수 그리스도로 말미암아 자기의 아들들이 되게 하셨으니

오래 전에 두산그룹 회장이 자택에서 자살하였다는 뉴스가 우리 모두에게 큰 충격을 주었다. 그 많은 돈 때문에 형제간에 고소·고발하고 아들은 주가 조작됨이 드러나 감옥에 가고 세상 살기 싫어졌다고 자살하고 만 것이다. 돈이 많이 있다고 행복한 것이 아니다. 주님께 선택받은 자인 우리가 복된 자이다. 자신이 선택받은 축복된 자라고 외쳐보자. "하나님, 감사합니

다." 우리를 선택해 주심을 진심으로 감사드린다. 할렐루야.

② 우리는 복을 받은 자이다.

예수님께서 떡과 잔을 가지신 후에, 바로 하신 일은 축복하시는 것이셨다. 예수님은 나(우리)를 선택하시고, 제일 먼저 축복하셨다는 사실을 기억하신다.

> 창 1:27-28, 하나님이 자기 형상 곧 하나님의 형상대로 사람을 창조하시되 남자와 여자를 창조하시고 하나님이 그들에게 복을 주시며 하나님이 그들에게 이르시되 생육하고 번성하여 땅에 충만하라. 땅을 정복하라, 바다의 물고기와 하늘의 새와 땅에 움직이는 모든 생물을 다스리라.

성도의 가정에 자녀가 출생하면 제일 먼저 하나님께 감사드리고 자녀에게는 축복을 하자. 우리 모두 축복받고 태어나고, 축복을 누리고 살다가 축복을 남기고 가는 자 되자. 말로 축복하고, 기도로 축복하고, 웃는 얼굴로 축복하고, 행동으로 축복하자.

③ 우리는 깨어져야 한다. 선택 되고 축복받은 떡을 찢어 깨어지게 하셨다. 왜 깨어지게 하셨을까?

> 요 12:24, 한 알의 밀이 땅에 떨어져 죽지 아니 하면 한 알 그대로 있고 죽으면 많은 열매를 맺느니라

깨어진다는 것은 곧 희생이다.

④ 우리는 나누어 주는 자가 되어야 한다. 주님은 나누어 주시면서, "받아 먹으라 이것이 내 몸이니라."라고 하셨다.

> 요 6:53, 인자의 살을 먹지 아니하고 인자의 피를 마시지 아니 하면 너희 속에 생명 이 없느니라

주님께서 제정하신 성찬의 축복은 새 생명을 받는 예식이요 새 생명을 나누어주는 예식이다.

예수님의 성찬 때 네 가지 순서가 준 교훈

마태복음 26:17-29

1. 예수께서 떡을 가지셨다

성찬을 위한 봉헌자가 있었다는 뜻이다. 예수님의 마지막 성만찬에 대한 기록은 본문 외에 막 1412~26, 눅 22:7~23, 요 13:21~30, 고전 11:23-25 에 명시되어 있다.

무교절 첫날에 제자들이 예수님께 유월절 잡수실 것을 어디에서 예비하여 야 될 것인가를 물었다. 예수님은 예루살렘 성, 마가 요한의 집에 가서 제 자들과 함께 유월절 음식 잡수실 부탁하셨다고 하면 준비해 주실 것이라고 말씀하셨다.

제자들은 예수님의 명하신대로 수행하였다. 예수님은 자신이 수난 받으실 것을 설명하시고 그리고 떡과 포도주를 가지시고 말씀하셨다. 예수님이 가 지신 떡과 포도주는 누군가의 봉헌한 봉헌물이다. 초대교회 성도들은 성찬 을 위하여 누구나 다 주님의 식탁을 위한 헌물을 가져오고 하나님께 드리 고, 가난한 자를 위해 음식물도 나누워 먹었다.

영국에서는 1549년까지 성찬을 위해서는 떡 한 덩이 값에 해당하는 헌물을 바치도록 규정시행하였다. 그러다가 1552년부터 번거롭다하여 교회 비용 으로 떡과 포도주를 준비하도록 하였다.

오늘, 우리가 먹는 떡과 포도주는 우리 모두가 힘써 일한 대가로 하나님이 주신 열매의 상징임을 알아야 한다. 그리고 우리의 몸과 마음과 정성을 봉헌하는 자세가 되어야 한다.

> 롬 12:1, 너희 몸을 하나님이 기뻐하시는 거룩한 산 제사로 드리라 이는 너희의 드릴 영적 예배니라

2. 축복하셨다

예수님은 봉헌한 물질에 축복하고 감사하셨다. 예수님의 손에서 축복된 물질은 기적의 역사를 일으켰다. 어린아이가 예수님께 드린 보리떡 다섯 개와 물고기 두 마리는 오천 명이 배불리 먹고도 열두 바구니가 남았다. 이것을 오병이어의 기적이라고 한다.(마 14:13-21)

성만찬에 봉헌된 떡과 잔을 가지고 축사하시므로 영혼의 양식이 되었다는 것을 믿자. 생명의 떡, 생명의 음료로도 기적을 일으켰다. 엠마오로 내려가는 두 제자는 실의에 빠져 있었다. 그들은 부활의 주님도 알아보지 못하였다. 식탁에 함께 앉아서 떡을 가지사 축사하시고 떼어 주사 그들의 눈이 열렸다. 부활하신 예수님을 알아보았다.(눅 24:30-3)

오늘, 축사하시고 주신 떡과 잔을 받아 영의 눈이 열리시기를 축복한다. 오병이어의 기적이 여러분의 현장에서 일어나시기를 축원한다.

3. 떡을 떼어 분할(주님의 죽으심의 상징)

예수님은 축사 후 떡을 떼셨다. 분할하신 것이다. 한 덩어리를 조각조각 내셨다. 떡은 주님의 몸이다. 떡을 떼어 낸 것은 몸을 찢어 죽게 된 것을 의미한다. 예수님은 십자가에서 성체가 찢기시고 또 찢기셨다, 채찍에 찢기셨고

창날에 찢기셨다.

우리가 주님의 찢어진 떡을 받을 때 지난날의 옛 자아가 찢어져야 한다. 새 사람으로 거듭나야 한다. 옛 사람이 죽어야 새 사람이 살 수 있다. 옛 습관, 고집 혈기, 불만, 불평을 버려야 한다. 십자가에 맡겨버려야 한다. 고통이 있어야 부활의 영광이 있는 것이다.

> 사 53:5, 그가 찔림은 우리의 허물을 인함이요 그가 상함은 우리의 죄악을 인함이라 그가 징계를 받음으로 우리가 평화를 누리고 그가 채찍에 맞음으로 우리가 나음을 입었도다

> 시 22:14-15, 나는 물같이 쏟아졌으며 내 모든 뼈는 어그러졌으며 내 마음은 촛밀 같아서 내 속에서 녹았으며 내 힘이 말라 질그릇 같고 조각 같고 내 혀가 잇틀에 붙었나이다.

예수님, 십자가에서 고통 당하시는 모습을 예언한 시이다.

4. 주셨다

성찬 분배(부활의 상징), 예수님께서 떼어주신 떡. 그 떡은 죽은 예수의 몸이 아니라 부활하신 주님의 생명을 상징하는 것이다. 떼어진 떡 조각이 주님의 십자가의 죽으심을 상징하는 것처럼 주어진 떡을 우리가 받아먹음으로 주님의 부활에 참여하는 것이 되는 것이다.

> 마 28:20, 보라 내가 세상 끝 날까지 너희와 함께 있으리라

> 요 6:54. 내 살을 먹고 내 피를 마시는 자는 영생을 가졌고 마지막 날에 내가 그를 다시 살리리니

예수님의 밥상공동체

마태복음 26:26-30

1. 밥은 육신의 생명을 위한 필수 음식이다

남녀노소 빈부귀천을 막론하고 사람은 반드시 밥을 먹어야 살 수 있다. 밥은 아침에 한번 먹고 끝나지 않는다. 점심도 먹어야 하고 저녁밥도 먹어야 한다. 밥은 우리의 생명 유지를 위해서 매일매일 먹어야 한다. 계절 따라 보양식도 먹는다. 건강을 위해서 먹는 것이다.

예수님 당시에 그 나라에는 주식이 떡이었다.

> 마 26:26, 그들이 먹을 때에 예수께서 떡을 가지사 축복하시고

서양 사람들은 빵이 주식이고, 우리나라는 밥이 주식이다. 출애굽하여 가나안 땅으로 행진한 이스라엘 백성이 40년간 먹은 양식은 만나였다.

> 출 16:4, 그때에 여호와께서 모세에게 이르시되 보라 내가 너희를 위하여 하늘에서 양식을 비 같이 내리리니 백성이 나가서 일용할 것을 날마다 거둘 것이라

> 출 16:35, 사람이 사는 땅에 이르기까지 이스라엘 자손이 사십 년 동안 만나를 먹었으니 곧 가나안 땅 접경에 이르기까지 그들이 만나를 먹었더라

육신의 생명을 위하여 먹는 밥은 필수 음식이다. 별식은 어쩌다 한번 먹는 것이지만 밥은 하루도 안 먹으면 배가 고프게 된다. 배고프면 힘이 없다. 그래서 사람들은 배고프면 "배고파 죽겠다"라고 한다. 별미는 계속 먹으면

싫증이 나지만 밥은 물리지 않는다. 누구나 태어나서 지금까지 밥을 먹고 살아왔고, 앞으로 하나님께서 부르실 때까지 밥을 먹어야 한다.

2. 건강한 교회는 성례가 바로 집행되는 교회이다
건강한 교회의 3대 지표가 있다.

첫째, 바른 말씀의 선포이다.

> 요 8:47, 하나님께 속한 자는 하나님의 말씀을 들나니 너희가 듣지 아니함은 하나님께 속하지 아니하였음이로다

> 요 8:31-32, 예수께서 이르시되 너희가 내 말에 거하면 참으로 내 제자가 되고 진리를 알지니 진리가 너희를 자유롭게 하리라

바울 사도는 갈라디아서에서 "다른 복음은 없나니 다만 어떤 사람 들이 너희를 교란하여 그리스도의 복음을 변하게 하려함이라 … 내가 지금 다시 말하노니 만일 누구든지 너희가 받은 것 외에 다른 복음을 전하면 저주를 받을 지어다."(갈 1.7-9) 라고 하였다.

이단은 다른 복음을 전한다. 교주를 신격화 한다. 별미 같아 보이지만 거짓 복음을 받으면 병이 든다. 영혼이 죽는다.

> 계 21:8, 우상숭배자들과 거짓말하는 모든 자들은 불과 유황으로 타는 못에 던져지리니 이것이 둘째 사망이라

둘째, 성례를 거행하는 교회이다.
성례는 세례 예식과 성만찬 예식이다.

셋째, 권징의 신실한 시행이다.
교회는 거룩한 하나님의 전이다. 교회는 주님의 몸이다. 그러므로 교회에는

참된 신앙고백이 있어야 하고, 성결한 생활이 요구되는 곳이다. 교회를 어지럽게 하거나, 이단을 주장하거나, 악행 자가 있으면 주의 이름으로 권징 시벌을 감행하여 교회의 순결을 지켜야 한다.

성만찬 예식을 준행하고 있다. 육신의 양식이 육신의 생명을 살리고 유지하는 것 같이 영혼의 양식은 예수님이시다. 예수님은 말씀하셨다.

> 요 6:49, 너희 조상들은 광야에서 만나를 먹었어도 죽었거니와 이는 하늘에서 내려오는 떡이니 사람으로 하여금 먹고 죽지 아니하게 하는 것이니라 나는 하늘에서 내려온 살아 있는 떡이니 사람이 이 떡을 먹으면 영생하리라 내가 줄 떡은 곧 세상의 생명을 위한 내 살이라 하시니라

> 요 6:47-48, 진실로 진실로 너희에게 이르노니 믿는 자는 영생을 가졌나니 내가 곧 생명의 떡이니라

> 요 4:13-14, 예수께서 대답하여 이르시되 이 물을 마시는 자마다 다시 목마르려니와 내가 주는 물을 마시는 자는 영원히 목마르지 아니하리니 내가 주는 물은 그 속에서 영생하도록 솟아나는 샘물이 되리라

성찬은 영혼의 생명을 얻는 식탁이다. 신앙고백을 한 세례 교인은 밥상공동체이다. 생명의 떡을 받아먹고 마시는 공동체이다.

인간은 먹어야 살고, 밥을 먹어야 살게 되어 있다. 그러나 밥을 먹고 산다고 하지만 세월이 지나가면 결국 밥을 먹고 죽는다. 밥 먹고 살아야 하는데 여러 번, 수십 번, 수년을 밥 먹고 결국은 죽는다. 그러나 죽지 않고 영생하는 비밀이 있다.

> 요 6:51, 나는 하늘에서 내려 온 살아 있는 떡이니 이 떡을 먹으면 영생하리라 내가 줄 떡은 세상의 생명을 위한 내 살이니라

> 마 26:26, 예수께서 떡을 가지사 축복하시고 제자들에게 주시며 이르시되 받아서 먹으라 이것은 내 몸이니라

27-28절, 잔을 가지사 감사 기도 하시고 그들에게 주시며 이르시되 너희가 다 이것을 마시라 이것은 죄 사함을 얻게 하려고 많은 사람을 위하여 흘리는 바 나의 피 곧 언약의 피니라

밥상 공동체의 밥, 음료 그것은 예수님의 살과 예수님의 피이다. 영혼의 양식이다. 영생하는 양식이다. 이 양식을 받아먹고 마시는 사랑하는 성도 모두는 예수님의 밥상 공동체이다. 천국에서는 우리가 함께 밥상 공동체로 만나게 된다.

빌 4:3, 나의 동역자들을 도우라 그 이름들이 생명책에 있느니라, 아멘

자살은 하나님이 기뻐하지 않으신다

마태복음 27:3-8

1. 성경에 자살한 사람들이 있다

① 가룟 유다

예수님을 은 삼십을 받고 팔았다가 뉘우쳐 대제사장들에게 도로 갖다 주고 그 길로 스스로 목매어 죽었다.(마 27:3-5) 가룟 유다의 결말은 처참하게 되었다. "불의의 삯으로 밭을 사고 후에 몸이 곤두박질하여 배가 터져 창자가 다 흘러나온지라 이 일이 예루살렘에 사는 모든 사람에게 알리어져 그들의 말로는 그 밭을 아겔다마라 하니 이는 피밭이라 하는 뜻이라."(행 1:18-19) 그는 진정으로 회개를 하지 않았다.

② 아히도벨

아들 압살롬의 모사가 되어 부귀영화를 누리려 하다가 자기의 계략이 시행되지 못함을 보고, 고향 자기 집에 돌아가 목매어 자살하고 말았다.(삼하 17:21-23) 압살롬 왕자를 부추겨 반란이 성공할 것을 기대하였는데 자가 계략이 채택되지 않으면 다윗 왕이 승리할 것이고, 다윗 왕이 반란군을 평정하면 자기는 역적으로 처형될 것이 자명한 사실이라 자살을 택한 것이다. 정의롭지 못하면 실패한다. 하나님을 떠난 악인의 길은 망한다.(시 1:6)

③ 사울 왕

이스라엘의 초대 왕. 겸손하고 효자였던 사울(삼상 10:22)은 왕이 된 후에, 하나님의 말씀을 불순종하였다. 하나님의 사람 사무엘 선지자를 섭섭하게 하였다. 사무엘 선지자의 책망을 귓전으로 흘려버렸다.

> 삼상 15:22-23, 여호와께서 번제와 다른 제사를 그의 목소리를 청종하는 것을 좋아하심 같이 좋아하지겠나이까 순종이 제사보다 낫고 듣는 것이 숫양의 기름보다 나으니 이는 거역하는 것은 점치는 죄와 같고 완고한 것은 사신 우상에게 절하는 죄와 같음이라 왕이 여호와의 말씀을 버렸으므로 여호와께서도 왕을, 버려 왕이 되지 못하게 하셨나이다

사울 왕이 블레셋 군과 전쟁하다 패전을 하게 된다. 그는 화살에 중상을 입자 부하에게 죽여 달라 하였으나 거절당하자 자기 칼을 뽑아 자살하고 만다(삼상 31:1-6). 그의 부하도 함께 죽었다.

그 외에도,
아비멜렉이 그의 형제 70명을 죽인 죄 값으로 한 여인의 맷돌 위짝을 던져 머리에 맞고 두개골이 깨어지자 자살하게 된다.(삿 9:5-26) 시므리가 반란을 일으켜 왕이 된지 70일 군대지휘관 오므리가 반역 군사를 몰고 쳐들어오자 왕궁에 불을 지르고 그 가운데서 죽었다.(왕상 16:15-20)

2. 자살은 하나님이 기뻐하지 않으신다

① 하나님은 살인하지 말라(출 20:13)고 십계명에 명시하셨다.
자살은 자기 자신을 살인하는 죄를 짓는 것이다.

② 생명의 주인은 하나님이시다.

우리의 생명은 내 것이 아니다. 하나님의 것이다. 하나님의 권한에 있는 내 생명을 내 마음대로 하면 죄가 된다. 그래서 자살은 자기 살인죄가 된다.

③ 사람은 하나님의 형상으로 지음 받았다.

창 12:7, 하나님이 자기 형상 곧 하나님의 형상대로 사람을 창조하시되 남자와 여자를 창조하시고

창 9:6, 다른 사람의 피를 흘리면 그 사람의 피도 흘릴 것이니 이는 하나님이 자기 형상대로 사람을 지었음이니라

④ 성도는 그의 몸이 하나님의 전이다.

고전 6:19, 너희 몸은 너희가 하나님께로부터 받은 바 너희 가운데 계신 성령의 전인 줄을 알지 못하느냐 너희는 너희·자신의 것이 아니라

⑤ 때가 되면 생명을 거두어 가신다.

딤후 4:6, 관제와 같아 내가 벌써 부어지고 나의 떠날 시각이 가까웠도다

전 3:2, 날 때가 있고 죽을 때가 있으며

눅 12:20, 하나님은 이르시되 어리석은 자여 오늘 밤에 네 영혼을 도로 찾으리니 그러면 네 준비한 것이 누구의 것이 되겠느냐

3. 자살을 예방하는 길은 예수 잘 믿는 것이다

자살하는 사람들은 자살의 이유를 여러 가지로 논술하고 변명하고 정당화

하려고 한다.

① 자살자의 60%가 우울증과 조울증 등 기분의 장애 때문이라고 한다. 소망을 잃어버리고 절망이 지배하기 때문이다.

② 스트레스를 받아서 특히 인터넷의 악성 댓글, 루머 등 방담형 괴소문 때문이라고 한다.

③ 죽고 싶다고 말하면 정말 죽게 된다. 왜냐고? 마귀가 그 말을 반복하도록 세뇌시켜 자살로 끌고 간다. 자살의 단어를 '살자'로 바꾸어야 한다.

우리는 예수님의 제자입니다

마태복음 28:18-20

I. 제자는 예수님을 배우는 자이다

일반적으로 제자라는 말의 의미는 스승으로부터 가르침을 받거나 받은 사람이라고 이해한다. 기독교에서는 예수님께 가르침을 받아 그의 뒤를 따르는 사람이라고 한다.

예수님께서 말씀하시기를, "나는 마음이 온유하고 겸손하니 나의 멍에를 메고 내게 배우라."(마 11:29)고 하셨다. 배운다는 뜻은 학습한다는 것이다. 마치 수학의 공식을 정성들여 풀듯이 예수님께로부터 삶을 배우는 것이다. 예수님에게서 예수님의 온유한 성품과 겸손한 삶을 철저히 학습하는 것을 뜻한다.

예수님은 열두 제자를 불러 더러운 귀신을 쫓아내며 모든 병과 모든 약한 것을 고치는 권능을 주시고 전도실습도 시키셨다.(마 10:1) 예수님 당시에, 열두 제자 외에도 70 문도가 있었고, 120여 명의 기도의 동지가 있었고, 500여 명의 무리도 있었다.

그런데 특별히 열두 제자의 이름을 밝혀 놓은 것은 예수님의 삶을 철저히 학습한 자들이기 때문이다. 3년 동안 예수님의 말씀, 기적 베푸심, 기도하는 모습 전도하시고, 병 고치시고, 가르치는 삶을 학습하였다.

2. 제자는 예수님의 삶을 따라 가는 자이다

> 막 1:16-20, 갈릴리 해변으로 지나가시다가 시몬과 그 형제 안드레가 바다에 그물 던지는 것을 보시니 저희는 어부라 예수께서 가라사대 나를 따라 오너라 내가 너희로 사람을 낚는 어부가 되게 하리라 하시니 곧 그물을 버려두고 좇으니라 조금 더 가시다가 세베대의 아들 야고보 와 그 형제 요한을 보시니 저희도 배에 있어 그물을 깁는데 곧 부르시니 그 아비 세베대를 삯군들과 함께 배에 버려두고 예수를 따라 가니라

어부의 직업을 가진 베드로, 야고보, 안드레, 요한은 자신의 직업을 버리고 예수를 따라 나섰다. 그리고 예수님의 제자가 되어 주님의 공생애 시간을 함께 하였다. 제자는 어떠한 환경, 상황 속에서도 따라가기로 결단한 이상 후회 없이 성실하고, 충성을 다해 그 길을 가는 사람이다.

"누구든지 나를 따라오려거든 자기를 버리고 제 십자가를 지고 따르라"(마 10:24))고 하셨다. 예수님을 따르는 것, 예수님을 배우는 것은 예수님의 인격을 배우고 성품을 배워서 작은 예수가 되는 것이다. 초대교회의 성도는 '작은 예수'라는 별명을 들으며 살았다.

예수님은 자신이 참 빛이라고 하시고 참 빛이 세상에 와서 각 사람에게 비추어 주신다고 하셨다. 예수님은 우리를 향해서 "너희는 세상의 빛이라"고 하시고 당부하셨다.

> 마 5:14-16, 너희 빛을 사람 앞에 비취게 하여 저희로 너희 착한행실을 보고 하늘에 계신 너희 아버지께 영광을 돌리게 하라

예수님은 8복을 가르치셨고, 예수님을 따라가는 삶의 지침을 마 5장, 6장, 7장에 선포하셨다.

> 마 6:33-34, 너희는 먼저 그의 나라와 그의 의를 구하라 그리하면 이 모든 것을 너희에게 더하시리라

예수님을 따라 사는 삶의 방법도 가르쳐주셨다. 예수님은 제자들의 발을

씻어 주시는 모범을 보이시고 "너희도 서로 발을 씻기는 것이 옳으니라 이렇게 행하면 복이 있으리라."(요 13:14)고 하셨다.
섬기면 복을 받는 길도 가르쳐 주셨다.

> 요 13:34-35, 새 계명을 너희에게 주노니 서로 사랑하라 내가 너희를 사랑한 것같이 너희도 서로 사랑하라 너희가 서로 사랑하면 이로써 모든사람이 너희가 내 제자인 줄 알리라

3. 제자는 훈련을 계속 받는 자이다

제자(disciple): 문하생, 제자라는 단어는 훈련(dicipline, 훈련, 단련 수련)이라는 단어와 뿌리가 같다. 제자가 되려면 훈련을 받아야 된다는 뜻이다.

> 딤전 4:8, 육체의 연습은 약간의 유익이 있으나 경건은 범사에 유익하니 금생과 내생에 약속이 있느니라

논산훈련소에 입소할 때의 자세와 훈련을 받고 휴가 나온 군복 입은 아들의 모습은 너무나 씩씩하고 어른스러운 모습을 발견할 수 있다. 군인은 훈련을 통해서 만들어진다.

우리 성도는 십자가 군병들이다. 교회는 십자가 군병을 훈련시키는 훈련소이다. 새벽기도 훈련, 예배드리는 훈련, 성경 읽는 훈련 전도훈련 예수님의 제자훈련을 받아야 한다. 예수님의 제자는 예수님을 잘 배우고, 예수님 인격적인 삶을 따라야 하고, 예수님께서 맡겨주신 사명 감당을 위해 훈련을 잘 받아야 한다.

둘째 묶음

전도하게 하려고 제자들을 세우셨다 _막 3:13-19
예수를 믿으면 지옥에 가지 않는다 _막 9:43-49
예수님은 어린아이들을 사랑하신다 _막 10:13-16
섬기려 오신 예수님이시다 _막 10:32-45
날 구원하신 주 감사 _막 14:1-9
아리마대 요셉의 신앙과 봉사 _막 15:41-47
캄보디아 단기선교 허락에 감사드린다 _막 16:14-18

전도하게 하려고 제자들을 세우셨다

마가복음 3:13-19

I. 예수님 이 땅에 오신 목적은 전도하기 위함이셨다

예수님의 가르치심과 치유사역도 전도를 위한 사역이었다.

> 막 1:38-39, 우리 가 다른 가까운 마을들로 가자 거기서도 전도하리니 내가 이를 위하여 왔노라 하시고 이에 온 갈릴리에 다니시며 그들의 여러 회당에서 전도 하시고 또 귀신들을 내쫓으시더라

> 눅 4:43-44, 예수께서 이르시되 내가 다른 동네들에서도 하나님의 나라 복음을 전하여야 하리니 나는 이 일을 보내심을 받았노라 하시고 갈릴리 여러 회당에서 전도하시더라

2. 예수님 제자들을 불러 세우신 목적은 전도하기 위함이셨다

> 막 3:14-15, 이에 열둘을 세우셨으니 이는 자기와 함께 있게 하시고 또 보내사 전도도 하며 귀신을 내쫓는 권능도 가지게 하려 하심이러라

> 눅 9:1-2, 예수께서 열두 제자를 불러 모으사 모든 귀신을 제어 하며 병을 고치는 능력과 권위를 주시고 하나님의 나라를 전파하며 앓는 자를 고치게 하려고 내어 보내시며

예수님은 70인을 세워서 전도훈련을 하셨다.

> 눅 10:1-2, 그 후에 주께서 따로 칠십 인을 세우사 친히 가시려는 각

동네 와 각 지역으로 둘씩 앞서 보내시며 이르시되 추수할 것은 많되 일꾼이 적으니 그러므로 추수하는 주인에게 청하여 추수할 일꾼들을 보내 주소서 하라

오늘, 우리를 주님의 몸 된 교회로 불러 선택하여 성도로 세우신 목적이 무엇일까? 12제자, 70문도. 앞서 간 신앙의 선배, 예수를 믿는 성도들에게 특명을 주신 것이 있다. 그것은 전도이다. 전도하라는 명령이다. 이때, 명령이란 지켜도 되고 안 지켜도 되는 것이 아니다. 전도하라는 명령은 지켜야 할 필수 의무사항이다.

3, 예수님은 승천하시면서 최후유언으로 전도하라 명령하셨다

마 28:18-20, 예수께서 나아와 말씀하여 이르시되 하늘과 땅의 모든 권세를 내게 주셨으니 그러므로 너희는 가서 모든 민족을 제자로 삼아 아버지와 아들과 성령의 이름으로 세례를 베풀고 내가 너희에게 분부한 모든 것을 가르쳐 지키게 하라

막 16:15-20, 너희는 온 천하에 다니며 만민에게 복음을 전파하라 믿고 세례를 받는 사람은 구원을 얻을 것이요 믿지 않는 사람은 정죄를 받으리라 믿는 자들에게는 이런 표적이 따르리니 곧 그들이 내 이름으로 귀신을 쫓아내며 새 방언을 말하며 뱀을 집어 올리며 무슨 독을 마실지라도 해를 받지 아니하며 병든 사람에게 손을 얹은즉 나으리라 하시더라 주 예수께서 말씀을 마치신 후에 하늘로 올려지사 하나님 우편에 앉으시니라 제자들이 나가 두루 전파할새 주께서 함께 역사하사 그 따르는 표적으로 말씀을 확실히 증언하시니라

행 1:8-9, 오직 성령이 너희에게 임하시면 너희가 권능을 받고 예루살렘과 온 유대와 사마리아와 땅 끝까지 이르러 내 증인이 되리라 하시니라 이 말씀을 마치시고 그들이 보는데 올려져 가시니 구름이 그를 가리어 보이지 않게 하더라

4. 전도는 믿음의 표현이다

우리는 모두 누구에게로부터 전도를 받고, 예수를 믿게 되고, 교회 생활을 하게 되었다. '모태신앙인'도 어머니가 누구에게인지 모르나 전도를 받았기 때문이다. 우리는 전도해준 사람에게 빚을 졌다. 빚을 갚으려면 전도를 해야 한다

전도는 믿음의 표현이다. 믿음이 있으면 전도하게 마련이다. 내가 믿는 예수, 내가 만난 예수를 전달하자.

> 롬 10:9-11, 네가 만일 네 입으로 예수를 주로 시인하며 또 하나님께서 그를 죽은 자 가운데서 살리신 것을 네 마음에 믿으면 구원을 받으리라 사람이 마음으로 믿어 의에 이르고 입으로 시인하여 구원에 이르느니라 성경에 이르되 누구든지 그를 믿는 자는 부끄러움을 당하지 아니하리라

예수를 믿으면 지옥에 가지 않습니다

마가복음 9:43-49

1. 예수를 믿으면 지옥에 가지 않습니다

예수님께서는 예수님을 믿는 자에게 천국에서 영생하는 복을 주신다고 약속하셨다. "내가 진실로 진실로 너희에게 이르노니 내 말을 듣고 나 보내신 이를 믿는 자는 영생을 얻었고 심판에 이르지 아니하나니 사망에서 생명으로 옮겼느니라."(요 5:24)고 하셨다.

> 요 5:39, 너희가 성경에서 영생을 얻는 줄 생각하고 성경을 연구하거니와 이 성경이 곧 내게 대하여 증언하는 것이니라

> 요 3:16, 하나님이 세상을 이처럼 사랑하사 독생자를 주셨으니 이는 그를 믿는 자마다 멸망하지 않고 영생을 얻게 하려 하심이라

> 요 3:18, 그를 믿는 자는 심판을 받지 아니하는 것이요 믿지 아니하는 자는 하나님의 독생자의 이름을 믿지 아니하므로 벌써 심판을 받은 것이니라

저와 여러분은 예수를 구세주로 믿는 믿음으로 말미암아 지옥에 가지 않는다. 할렐루야

2. 예수를 믿지 않으면 지옥에 간다

본문에 지옥이란 단어가 3번이나 강조되고 있다.

'지옥 꺼지지 않는 불(막 9:43) : 손이 범죄 - 회개치 않으면, 지옥에 던져지

는 것(막 9:45)-발이 범죄-회개치 않으면, 지옥에 던져지는 것(막 9-47)-눈이 범죄, 회개치 않으면.'
그러면 지옥은 어떤 곳일까?

> 막 9:48-49, 거기에서는 구더기도 죽지 않고 불도 꺼지지 아니 하느니라 사람마다 불로써 소금 치듯 함을 받으리

지옥은 하나님과의 교통이 완전히 단절된 곳이며, 영원히 불 가운데서 고통을 받는 곳이다.

요한 웨슬리가 지옥에 대해 설교하면서, "네 손가락을 불에 대고 있어보라 어떻겠는가? 잠시도 참기 어려울 것이다. 그보다 더 큰 고통은 없을 것이다. 그런데 온몸이 불 못 유황 불 타는 곳에 들어가 영원히 있을 것을 생각해보라. 영과 육의 모든 괴로움은 중단이 없다. 그들의 고통의 연기가 밤낮으로 피어오른다. 또한 그들의 고난이 극에 달하고 그 고통이 극심하다 할지라도 단 한순간도 감소될 가능성은 없다."고 하였다.

이 설교를 듣고, 당시 영국에서는 극도로 부패한 사회, 술집과 창녀, 강도가 득실하였던 상태에서 회개운동이 일어나고, 경건운동이 일어나 부흥하게 되었다. 예수님은 지옥의 고통을 알려 주셨다.

> 눅 16:22-24, 부자도 죽어 장사 되매 그가 음부에서 고통 중에 눈을 들어 멀리 아브라함과 그의 품에 있는 나사로를 보고 불러 이르되 아버지 아브라함이여 나를 긍휼히 여기사 나사로를 보내어 그 손가락 끝에 물을 찍어 내 혀를 서늘하게 하소서 내가 이 불꽃 가운데서 괴로워하나이다

만약, 우리가 고집을 부리고 예수를 믿지 않고 있다가 죽어 지옥에 갔다고 가정해 보자. 미련한 사람은 예수 믿는 것을 미루다가 지옥에 떨어지고 만다.

> 계 14:9-11, 누구든지 짐승과 그의 우상에게 경배하고 이마에나 손에 표를 받으면 그도 하나님의 진노의 포도주를 마시리니 불과 유황으로

고난을 받으리니 그 고난의 연기가 세세토록 올라가리로다 짐승과 그의 우상에게 경배하고 그의 이름표를 받는 자는 누구든지 밤낮 쉼을 얻지 못하리라

계 20:10, 또 그들을 미혹하는 마귀가 불과 유황 못에 던져 지니 거기는 짐승과 거짓 선지자도 있어 세세토록 밤낮 괴로움을 받으리라

계 20: 14~15, 사망과 음부도 불못에 던져지니 이것은 둘째사망 곧 불못이라 누구든지 생명책에 기록 되지 못한 자는 불못에 던져지더라

지옥 불에 한번 던져지면 다시는 나오지 못한다. 그렇다고 죽을 수도 없고, 영원히 고통을 받는 것이다. 천국과 지옥은 지어 낸 동화 속의 장소가 아니다. 성경은 분명히 명시하여 경고하고 있다.

계 2:1-8, 두려워하는 자들과 믿지 아니하는 자들과 살인자들과 음행하는 자들과 점술가들과 우상 숭배자들과 거짓말하는 모든 자들은 불과 유황으로 타는 못에 던지리니 이것이 둘째 사망이라

3. 천국과 지옥이 있음을 가르쳐 천국에 가도록 전도해야 한다

영국의 대주교 조지 카레이는 대주교직을 은퇴하면서 "성직자들이여, 교인들에게 지옥을 가르치라 성직자들은 반드시 세상의 종말과 천국과 지옥의 실체를 선포해야 한다."라고 하였다.

예수님은 죄 값으로 지옥에 던져질 죄인을 전도하여 천국 가도록 길을 가르쳐 주셨다. 성령 하나님은 감화, 감동, 결단하여 예수 믿게 하고 "너는 내 것이라"고 인을 쳐 주셨다. 우리가 할 일이 있다. 믿지 않는 부모가 계시다면 전도하자. 불신 형제에게 전도하자. 불신 친구에게 전도하자. 전도는 최대의 선행이다.

예수님은 어린아이들을 사랑하신다

마가복음 10:13-16

어린아이들이 내게 오는 것을 용납하고 금하지 말라(막 10:14)

1. 어린이들이 교회 나오는 것을 금지하면 주님께서 분이 여기신다

불신 부모의 자녀들도 예수님께 나오도록 배려해야 한다. 성도의 가정에서는 자녀를 꼭 교회로 보내시라. 부모가 자녀를 데리고 와야 한다.

> 막 10:13, 사람들이 예수의 만져 주심을 바라고 어린아이들을 데리고 오매

어릴 때부터 교회교육을 받으면 절대로 나쁜 길로 빠지지 않는다. 타락의 길을 걷지 않는다. 범죄의 길을 걷지 않는다.

어릴 때부터 예수를 잘 믿으면 예수님처럼 지혜가 있게 된다. 칭찬받는 사람이 된다. 사랑을 베풀 줄 안다. 훌륭한 지도자가 된다. 어릴 때부터 교회에 잘 다니도록 부모가 도와주어야 한다.

2. 하나님의 나라가 이런 자의 것이니라(막 10:14)

하나님의 나라는 하나님의 아들과 딸들의 것이다. 하나님의 아들과 딸들이 차지할 기업이 하나님의 나라이다. 하나님의 아들과 딸이면 왕자요 공주들이다. 어린이들이 부르는 노래 왕자와 공주의 노래가 있다. 하나님 나라의 왕자와 공주는 어린이뿐만 아니라 어른들도 모두 하나님 앞에는 어린이이

다. 하나님 나라가 이런 자의 것이니라 하신 주님이시다. 어린 아이는 정직하며, 전적인 신뢰심을 갖고 있다.

3. 예수님은 어린아이들을 안고 안수하시고, 축복하셨다
예수님의 한없는 사랑을 보여 주는 것이다. 예수님은 어린아이 하나하나에 깊은 관심과 정성어린 사랑을 베푸셨다. 예수님이 어린 아이를 안고 안수하시고 축복하심은 오늘날, 힘없고 소외되고 무가치한 사람들을 예수님은 외면하지 않으신다는 뜻이기도 하다.

감리교 창설자 요한 웨슬레의 어머니 수산나가 자녀를 성공적으로 기르며 교육한 결심서를 소개한다.
- 간식을 허락하지 말라.
- 일찍 잠을 재우라.
- 투덜대지 않고 약을 먹도록 하라.
- 아이들이 말할 수 있으면 기도를 가르치라 일어날 때와 잠잘 때에 주-기도문을 외우게 하라 거짓말하는 것을 막아라.
- 악한 행실에는 반드시 벌을 주라.
- 한 가지 죄에 대하여 절대로 두 번 벌을 주지 말라.
- 잘 하는 일에는 항상 칭찬하라.
- 약속은 엄격히 지키게 하라.
- 아이들이 매를 무서워하도록 가르치라.
- 주일에는 반드시 한금을 주어 교회에 보내라.
- 범사에 감사를 가르치라.

섬기려 오신 예수님

마가복음 10:32-45

1. 제자 야고보와 요한의 어머니의 요구

예수님께서 예루살렘으로 올라가실 때 자신의 고난인 십자가의 죽음과 부활을 예고하셨다.

> 마 20:19, 이방인들에게 넘겨 주어 그를 능욕하며 채찍질하며 십자가에 못 박게 하리니 제 제삼일에 살아나리라

이때, 세베대의 아들의 어머니(마 20:20,) 열두 제자 중에 세베대의 아들인 야고보와 요한의 어머니 살로메(마 27:56, 막 15:40)가 예수님을 정치적 메시야로 알고 권력의 자리를 탐하여 예수님께 요구하였다.

"나의 두 아들을 주의 나라에서 하나는 주의 우편에 하나는 주의 좌편에 앉게 명하소서." 어머니로서 아들의 출세를 위해서 예수님께 청탁을 한 것이었다. 아들 야고보와 요한이 삼년 동안 예수님의 제자로 섬기고 헌신했으니 그 대가로 예수님 왕국이 세워지면 높은 권좌에 세도를 부릴 수 있도록 청탁한 것이다.

예수님께서는 이와 같은 청탁에 경고의 말씀을 주셨다.

> 막 10:38-40, 예수께서 가라사대 너희 구하는 것을 너희가 알지 못하는도다 너희가 나의 마시는 잔을 마시며 나의 받는 세례를 받을 수 있느냐 저희가 말하되 할 수 있나이다. 예수께서 이르시되 너희가 나의 마시는 잔을 마시며 나의 받는 세례를 받으려니와 내 좌우편에 앉는

것은 나의 줄 것이 아니라 누구를 위하여 예비 되었든지 그들이 얻을 것이니라

예수님의 말씀에, '나의 마시는 잔'은 무엇을 가리키는가? 인류를 구원하기 위해 십자가를 져야 하는 쓴 잔을 의미한다.

예수님의 기도,

> 눅 22:42, 이르시되 아버지여 만일 아버지의 뜻이어든 이 잔을 내게서 옮기시옵소서 그러나 내 원대로 마옵시고 아버지의 원대로 되기를 원하나이다 하시니

예수님의 마시려는 잔은 십자가 죽음의 잔이었다. 주님의 질문에, 야고보와 요한은 할 수 있다고 대답하였는데 아마도 예수님이 왕위에 오르시면 좌우편에서 함께 영광의 축배를 마시는 것으로 생각한 것 같다. 그들은 골고다 언덕에서 예수님께서 십자가에 달리실 때, 자신들은 죽음을 무서워하여 예수님을 배반하는 것을 생각하지 못하였다.

야고보는 AD 44년 헤롯왕 때, 제일 먼저 순교당하였다.

> 행 12:1-2, 그때에 헤롯 왕이 손을 들어 교회 중 몇 사람을 해하려 하여 요한의 형제 야고보를 칼로 죽이니

요한은 밧모섬에 일평생 유배생활을 하며, 극심한 핍박 속에서 계시록을 기록하고 100세 가까이 살다가 자연사하였다.

> 계 1:9, 나 요한은 너희 형제요 예수의 환난과 나라와 참음에 동참하는 자라 하나님의 말씀과 예수의 증거를 인하여 밧모라 하는 섬에 있었더니

2. 다른 제자들의 분노

야고보와 요한의 어머니 살로메와 예수님이 대화를 들은 다른 열 제자들은 분노하였다. 새번역 성경에는 "그런데 열 제자가 이것을 듣고 야고보와 요

한에게 분개하였다."(막 10:41)고 하였다.

'분노하다'라는 말은 시기심으로 인해 도무지 참지 못할 정도로 몹시 화를 내며 분개하는 것을 뜻한다. 열 명의 제자들도 야고보와 요한과 똑같이 명예욕과 권력욕에 사로 잡혀 있음을 나타내는 것이다.

'야고보와 요한보다 우리가 못한 것이 무엇이냐? 똑같이 삼년이란 세월을 예수님과 함께 동행하였는데, 우리도 예수님의 제자들인데' 라는 심정에서 자리다툼을 한 것이다. 자리다툼은 결국 상호간의 불화의 자리로 이끌게 되는 것이다.

제자들의 상태는 주님께서 가르치신 표준에 미치지 못하였다. 세상적인 원리로는 천국복음을 전파할 수 없다. 남이 잘 되는 것을 보고 격려해 주고 칭찬해 주어야 하는데 시기, 원망, 불평이 먼저 앞선 것이다. 오늘, 이 모습이 나의 모습, 우리의 모습이 아닌가?

3. 섬기려 오신 예수님

① 예수님께서 세상 원리를 먼저 설명하셨다.

> 막 10:42, 예수께서 불러다가 이르시되 이방인의 소위 집권자들이 저희를 임의로 주관하고 그 대인들이 저희에게 권세를 부리는 줄을 너희가 알거니와

집권자들은 당시 로마 황제와 원로들, 세속 통치자들이 임의로 주관하고 백성들을 마음대로 복종 시키고 강압적으로 지배하고 다스리는 것을 뜻한다. 대인들은 귀족들 통치자들 밑에서 자기에게 주어진 권력으로 세도를 부리는 것, 교만과 폭압으로 강압적 지배 행위를 하는 것을 뜻한다.

② 예수님은 새로운 원리, 섬기는 원리를 가르치셨다.

> 막 10:43-44, 너희 중에는 그렇지 아니하니 너희 중에 누구든지 크고 자 하는 자는 너희를 섬기는 자가 되고 너희 중에 누구든지 으뜸이 되 고자 하는 자는 모든 사람의 종이 되어야 하리라

메시아 왕국의 통치원리는 지상교회에서의 통치원리이기도 하다.
- 섬기는 자(헬라어) 디아코노스: 시중드는 사람, 최선을 다해 봉사하는 사람이란 뜻이다.
- 종(헬라어) 둘로스: 노예란 뜻이다. 종은 주권이 주인에게만 있고 오직 주인에게만 봉사하는 사람이다. 섬기는 자와 종은 자신의 모든 것을 내어 맡기는 철저한 헌신과 봉사자를 가리킨다. 으뜸이 되고자 하는 자는 먼저 섬기고 봉사하는 자가 되어야 한다.

③ 예수님은 최대의 섬김인 대속물이 자신의 일이라고 하셨다.

> 막 10:45, 인자의 온 것은 섬김을 받으려 함이 아니라 도리어 섬기려 하고 자기 목숨을 많은 사람의 대속물로 주려 함이니라

예수님의 최대의 봉사는 바로 저와 여러분에게 제공하셨다.

날 구원하신 주 감사

마가복음 14:1-9

막 14:1-2, 예수를 죽일 방도를 구하는 사람들
악을 도모하느라 지혜를 사용하는 사람들의 모습이다. 지혜에 대하여 감사를 위해 사용하는 삶이 될 수 있기를 … 다윗처럼, 어떻게 하면 하나님께 감사할까, 고민하고 애를 쓰는 모습, 그것이 예배로, 기도로, 헌신으로 나올 수 있기를 바란다.
하나님의 지혜이다. 지혜를 악을 위해 사용하지 않고 선을 위해 사용하되 특별히 감사의 인생을 살기 위해 사용할 수 있기를 축원한다.
3절에서, 잔치를 베푸는 한센병 환자 시몬이다.(사실, 그가 한센병 환자이지만 지금은 고침을 받는 상태이다. 왜냐하면 한센병 환자는 이스라엘 공동체 속에 함께 살 수 없기 때문이다.) 예수님께서 그 잔치에 초청을 받으셨다.

왜 그는 잔치를 베풀었을까? 시몬에 대하여 주경학자들에 의하면 막 1:40에 나오는 예수님께 고침을 받은 한센병 환자라고 하기도 한다. 바로 예수님께 은혜를 입은 인생이라는 것이다. 예수님을 만나서 병 고침을 받고 구원의 은혜를 경험하였다. 이런 인생이 바로 잔치가 벌어진 인생이다. 예수 안에서 이 은혜를 입었고 또 오늘도 이 은혜를 입고 사는 우리의 인생이 바로 잔치하는 인생인줄 믿자.

그런데 시몬은 그 인생의 잔치를 혼자 하지 않았다. 자기 혼자 즐기지 않고 이웃과 함께 하였다. 예수님을 모시고 주변 사람들을 초청하여 함께 즐거워하는 그런 잔치였다.

참 감사는 감사에 대한 표현이 따른다. 그 표현이란 즐거움이다. 그래서 나만 감사해서 그 감사를 즐기고 사는데 그치는 것이 아니다. 주변 모든 사람들이 함께 그 감사에 동참할 수 있어야 한다. 그런 삶을 살도록 주변 사람들을 돕는 우리이기를 바란다.

행 26:28 이하에 보면 아그립바 왕 앞에서 전도하는 바울처럼 29절에서 "결박된 것 외에는 나와 같이 되기를 원하나이다."라고 인생 잔치의 자리에 초청할 수 있기를 바란다.

3절 하반절, 잔치의 풍성함을 더하는 사건이 발생하였다. 바로 마리아의 옥합을 깨는 사건이다. 이 마리아는 병행 구절인 요 12장에 나오는 나사로의 누이였던 마리아이다. 마리아는 늘 주님의 말씀을 사모했고, 그 은혜를 감사하며 사는 여인이었다. 그녀는 예수님의 장례를 위해 옥합을 깨뜨려서 감사의 제사를 드렸다.

마리아의 감사의 제사는 시몬이 차려낸 잔치의 풍성함을 더하는 사건이 되었다. 예수님께서는 본문을 통해 알 수 있듯이 그녀의 감사의 헌신을 기쁘게 받으셨다. 감사의 마음이 없이는 깨뜨려 질 수 없는 것이 옥합이다.

오늘, 우리도 내 인생의 옥합을 깨는 그런 감사가 있어질 수 있기를 바란다. 주님께서 기뻐 받으시는 그런 감사의 제사가 있을 때 우리 인생의 잔치는 더욱 풍성해 진다. 그런데 이 풍성함을 가로막는 일들이 있다.

① 5-7절, 가난한 자들

바로 우리에게 있는 부족함이 풍성함을 가로막는다.

'나는 오늘 이것이 부족하다.' 그런데 이 부족은 늘 우리 삶속에 존재한다. 아무리 많이 가져도 늘 부족하다는 생각이다. 심방을 다니다 보면, '저 분에게 뭐 부족한 게 있겠나' 싶은데 속사정을 들어보면 부족투성이인 것을 고백할 때가 많다. 그런데 바로 그 부족이 잔치의 풍성함을 가로 막는다는 것이다.

"향유 냄새가 집에 가득하더라"(요 12:4)고 하였다.

지금 현재, 그 향유의 향기에 취하면 되는데 부족을 염려하는 게 인생이다. 이런 모습이 바로 감사를 가로막는 요인이 되고 있다.

② 병행구절인 요 12:6의 욕심이 잔치의 풍성함을 가로 막는다.

"향유를 팔아서 가난한 자들에게 나눠줬으면 좋았을 걸" 하고 책망하는 사람이 누구냐? 바로 가룟 유다였다. "그는 돈궤를 맡고 돈을 훔쳐감이라"(요 12:6)고 가룟 유다에 대하여 설명해주고 있다.

돈을 왜 훔치는가? 욕심이 나서이다.

이처럼 욕심이 앞서면 잔치의 풍성함은 사라진다. 행 5장에 보면, 아나니아와 삽비라 부부에게 욕심이 그 마음에 들어가니 감사의 마음이 사라졌다. 예수 안에서 누리는 인생의 풍성한 감사가 사라져 버렸던 것을 보게 된다.

아리마대 요셉의 신앙과 봉사

마가복음 15:41-47

1. 아리마대 요셉의 고상한 신앙 인격

예수님이 십자가에 못 박혀 죽었다. 로마 병정들과 유대 제사장들, 바리새인들, 수많은 군중들이 지켜 보았다. 예수님께서 운명하실 때, 제 육시로부터 온 땅에 어두움이 임하여 제 구시까지, 세 시간 동안 계속되었다.(마 27:45) 그리고 성소의 휘장이 위로부터 아래까지 찢겨져 둘이 되고 땅이 진동하며 바위가 터지고(마 27:51) 날이 저물어 가자 거기에 있는 사람들은 제 갈 길로 다 가버렸다.

십자가에 높이 달려 있는 예수님의 시체를 누가 수습할 것인가? 머리에 가시관에 찔려 흘린 피는 온 얼굴에 붉게 물들여져 있고, 양손과 양발은 큰 대못에 박혀 있으며, 몸은 채찍에 맞아 피투성이로 얼룩져 있었으며 옆구리에는 로마 병정이 찌른 창 자국으로 물과 피로(요 19:34) 뒤범벅이 된 시체를 그 누가 정리할 것인가?

3년 동안 따르던 수제자 베드로를 위시하여 모두 자기 생명 살겠다고 도망가 버린 상태이다. 십자가 주변에는 요한과 예수의 어머니 마리아가 있었다.

> 요 19:25-27, 예수의 십자가 곁에는 그 모친과 이모와 글로바의 아내 마리아와 막달라 마리아

이때, 아리마대 요셉이 등장한다. 아리마대 요셉이라 함은 아리마대 지방

의 사람이요 성경에 요셉이라는 이름이 여러 명이 있으므로 분별하도록 아리마대 요셉이라고 한다.

사복음서에 아리마대 요셉의 인격과 그가 봉사한 일이 기록되어 있다.

> 마 27:57, 저물었을 때에 아리마대 부자 요셉이라 하는 사람이 왔으니 그도 예수의 제자라
>
> 막 15:43, 아리마대 사람 요셉이 와서 당돌히 빌라도에게 들어가 예수의 시체를 달라 하니 이 사람은 존귀한 공회원이요 하나님의 나라를 기다리는 자라
>
> 눅 23:50-51, 공회의원으로 선하고 의로운 요셉이라 하는 사람이 있으니 저회의 결의와 행사에 가타 하지 아니한 자라 그는 유대인의 동네 아리마대 사람이요 하나님의 나라를 기다리는 자니
>
> 요 19:38, 아리마대 사람 요셉이 예수의 제자니 유대인을 두려워하여 은휘하더니 이 일 후에 빌라도더러 예수의 시체를 가져가기를 구하매 빌라도가 허락하는지라 이에 가서 예수의 시체를 가져 가니라

아리마대 요셉은 부자, 예수님의 숨은 제자, 존귀한 공회원, 선하고 의로운 인격자, 하나님의 나라를 기다리는 신앙인이다.

2. 아리마대 요셉의 고상한 봉사정신을 본받자

봉사활동을 하는 자들 중 돈 많은 분들도 있지만, 돈 많은 부자는 자기 재산을 지키려고 움켜쥐고 있어 내어놓기가 쉬운 것이 아니다. 그런데 아리마대 부자 요셉은 빌라도를 찾아가 담대히 예수님 시신을 요구, 허락받고 십자가에서 내렸다. 피투성이로 얼룩진 시신을 깨끗이 닦고 향수를 뿌리고 고급 세마포를 사서 감쌌다.

① 자신을 위해 준비한 새 무덤을 제공했다.

예수님의 시신을 운구하여 모셨다. 아리마대 요셉의 고상한 봉사정신을 본받아야 한다. 그의 봉사는 예수님을 위하여 핍박과 죽음을 각오한 희생적 봉사였다. 당시에, 예수님의 제자인 것이 발각되면 처형을 당할 수도 있는 상황이었다. 예수님의 열두 제자와 젖동생들도 다 도망을 가 버리는 상황인데, 빌라도를 찾아가서 예수님 시체를 요구한 것이다.

② 예수님이 가장 궁지에 몰린 비참한 때 최선을 다한 봉사였다.
예수님께서 기적을 베풀고, 말씀을 선포하며 호산나 다윗의 자손이여 환영할 때는 따르기가 쉽다. 그러나 주님께서 처형을 당한 시체를 위해 봉사, 헌신 자신의 무덤까지 제공하는 것 쉬운 일이 아니다. 세인들은 그를 보고 미쳤다고 손가락질 했을 것이다. 아무나 할 수 있는 봉사가 아니었다. 그러나 하나님 나라를 기다리는 그의 신앙 인격과 봉사정신을 배워야 한다.

③ 예수님을 위해 가장 귀중한 것을 바친 합당한 봉사였다.
예수님의 피 묻은 시체를 십자가에서 내려 깨끗이 닦고 향수를 바르고 값진 세마포를 사서 감싸드리고 자기를 위해 파 놓은 새 무덤을 예수님께 제공한 것이다.
-그의 봉사는 하나님의 뜻을 이루어 드렸다. "그 묘실이 부자와 함께 되었도다."(사 53:9)라고 한 예언이 성취된 봉사이다.
- 주님을 뜨겁게 사랑한 봉사이다. 죽은 시체를 위해 봉사하고 난 후 대가를 바랄 수 없는 봉사, 사랑이 없으면 할 수 없다.
- 자기의 모든 것을 바치는 봉사였다.

캄보디아 단기선교 허락을 하심을 감사드린다

마가복음 16:14-18

단기선교는 예수님의 명령에 순종하는 일이다.

막 16:15, 너희는 온 천하에 다니며 만민에게 복음을 전파하라

예수님의 명령이다. 우리 조치원 장로교회 설립은 미국 북 장로회 선교사 민노아 목사가 청주지역에 복음을 전하다가 조치원 기차역이 있다는 소식을 듣고 조치원에 와서 당시 권서가인 여현기 영수를 만나 자택에서 예배드림으로 설립된 것이다.(1904년 10월 4일)

선교의 사랑의 빚을 진 조치원 장로교회이다. 이제, 우리 교회가 사랑의 빚을 갚을 때가 되었다. 그래서 우리는 몽골, 필리핀, 캄보디아 등지로 단기선교를 떠나려는 기도를 해왔다. 우리가 섬기려는 나라는 날씨가 매우 덥고 건조한 곳이다. 어떤 목사님이 인도 뉴델리에 회의가 있어 3박 4일 다녀왔는데 기온이 48도나 되어 얼마나 힘이 들었던지 귀국 후 며칠간 몸살이 났다고 하였다.

캄보디아는 매우 더운 나라이다. 단기선교사들을 위해서 기도하는 우리가 되어야겠다.

1. 한국에 사철의 좋은 기후를 주심에 감사한다

봄, 여름, 가을, 겨울의 사철 뚜렷한 나라 대한민국의 기후이다. 그래서 한

국 선교사는 더운 나라에 가서도 선교할 수 있고, 추운 나라에 가서도 선교할 수 있는 기후에 잘 적응하는 체질을 가졌다는 것이다. 지금, 무더운 여름이기에 이곳에서 더위를 견디는 훈련을 하고 있으니 캄보디아에서도 잘 적응하리라 믿는다.

2. 교회의 부흥과 경제력을 주심에 감사한다

조치원장로교회 시작은 미약하였으나 오늘에 창대케 축복주심을 감사드린다.(욥 8:7) 세종 행복도시가 들어서고, 우리 교회가 큰 교회로 성장하였고, 이 지역을 성역화 하는데 앞장을 서는 교회로 성숙하게 되었음에 감사드린다.

> 막 16:16, 믿고 세례를 받는 사람은 구원을 얻을 것이요

세례를 받는 사람의 수효가 많아진 것은 교회성장의 표시이며, 구원받은 수효가 많았다는 것은 천국나라의 확장을 의미한다.
예수님께서 공생애에서 보여주신 사역에는 3가지가 있다.
- 가르치는 일, 교육하는 일이 있다. 제자를 택하여 3년간 교육하셨다.
- 복음을 전파하는 일, 전도는 주님의 일이었으며, 우리에게 주신 지상명령이요 유언이다.
- 봉사의 일, 병든 자를 고치시고 죽은 자를 살리신 일은 모두가 봉사의 일이다.

> 마 4:23, 예수께서 온 갈릴리에 두루 다니사 그들의 회당에서 가르치시며 천국 복음을 전파하시며 백성 중의 모든 병과 모든 약한 것을 고치시니

예수님의 제자 된 우리들이 할 일은 예수님께서 하신 일을 재현하는 일이다. 단기선교사 17명은 그동안 본 교회에서 배운 복음 전파하는 일을 캄보

디아에 가서 실행할 것이다.

이중재 선교사님의 요청이 있다. "그동안 전도하여 복음을 영접한 청년과 성도 20여 명에게 세례를 베풀어야 하오니 가운을 준비해 오십시오." 한 영혼이 천하보다 귀하다고 예수님 말씀하셨다. 20여 명의 성도가 복음의 확신을 가졌다니 얼마나 반가운 일인가.

우리 교회가 금년에 단기선교 갈 수 있는 17명의 인재와 경제력을 주심에 감사드린다. 선교부에 책정된 예산이 부족하여 청년부에선 젓갈 판매하는 일도 하고 있는데 협조해 주시고, 선교에 가는 분들을 위해서 후원금을 주시면 선교에 동참하는 것이 된다.

3. 성령님께서 함께 동행 하실 것을 믿고 감사한다

> 막 16:17-18, 믿는 자들에게는 이런 표적이 따르리니 곧 그들이 내 이름으로 귀신을 쫓아내며 새 방언을 말하며 뱀을 집어 올리며 무슨 독을 마실 지라도 해를 받지 아니하며 병든 사람에게 손을 얹은즉 나으리라

단기선교의 현장에도 사람들만 가면 아무 것도 할 수 없다. 예수님께서 동행해주실 것을 믿는다. 성령님이 함께 해주실 줄로 믿는다. 오순절 성령 충만 받은 베드로와 요한은(행 3:1-10) 성전 미문에 앉아 구걸하는 40년 된 앉은뱅이에게, "은과 금은 내게 없거니와 내게 있는 이것을 네게 주노니 나사렛 예수 그리스도의 이름으로 일어나 걸으라 하고 오른손을 잡아 일으키니"(행 3:6)라고 하여, 완전히 고쳐주었다.

셋째 묶음

오늘 나신 주님께 영광을 _눅 2:1-20
예수님의 부모공경 _눅 2:41-52
기름 부으심으로 은혜의 문을 열라 _눅 4:14-23
참 자유를 주시는 예수님 _눅 4:16-21
깊은 데로 가서 그물을 내려 잡으라 _눅 5:1-11
죽음의 문제를 해결하신 하나님 _눅 7:11-17
예수님과 함께 변화산으로 가자 _눅 9:28-36
죽은 자들이 가는 곳, 지옥과 천국이 있다 _눅 16:19-31
감사는 하나님께 영광 돌리는 일이다 _눅 17:1-19
9:1의 감사 _눅 17:11-19
주님께 쓰임 받는 자가 되자 _눅 19:28-40
예수님 고난의 한 주간 _눅 19:28-44
예수님이 원하셨던 유월절과 성만찬 _눅 22:14-20
주님과 함께 떡과 잔을 _눅 22:14-20

오늘 나신 주님께 영광을

누가복음 2:1-20

1. 약속대로 오신 메시야

이사야 선지자의 예언이 있었다.

> 사 40:1-3, 너희의 하나님이 이르시되 너희는 위로하라 내 백성을 위로하라 너희는 예루살렘의 마음에 닿도록 일하며 그것에게 외치라 그 노역의 때가 끝났고 그 죄악이 사함을 받았느니라 외치는 자의 소리여 이르되 너는 광야에서 여호와의 길을 예비하라 사막에서 우리 하나님의 대로를 평탄하게 하라

성탄의 메시지와 관련된 예언은 이 말씀으로 시작이 된다. 하나님의 예언이 성취 되는 장면이다. 아기 예수가 말구유에 태어난 장면을 어린이 3명이 찬양 대원과 함께 힘차게 시작하여 아기 예수 탄생을 축하하는 장면이다.

이사야 선지자는 주전 700년 웃시야 왕, 요담 왕, 아하스 왕, 히스기야 왕 때 활동하던 선지자였다. 예수님이 처녀의 몸에서 탄생하실 것을 예언하였다.

2. 예수 그리스도 탄생

아기 예수를 누일 곳이 없어 강보에 싸여 헤매는 모습을 낭독으로 표현하며 마구간에서 탄생하는 장면을 조용한 합창으로 노래한다.

> 눅 2:1-7, 그때에 가이사 아구스도가 영을 내려 천하로 다 호적하라

하였으니 이 호적은 구레뇨가 수리아 총독이 되었을 때에 처음 한 것이라 요셉도 다윗의 집 족속이므로 갈릴리 나사렛 동네에서 유대를 향하여 베들레헴이라 하는 다윗의 동네로 그 약혼한 마리아와 함께 호적하리 올라가니 마리아가 이미 잉태하였더라 거기 있을 때에 해산할 날이 차서 첫아들을 낳아 강보로 싸서 구유에 뉘었으니 이는 여관에 있을 곳이 없음이러라

예수님께서 탄생할 당시에, 로마의 황제 아구스도(옥타비아누스, BC 27~AD 14)는 세금 징수를 목적으로 본적지에 가서 호적을 하도록 명령을 내렸다. 마 1장에 예수님의 족보가 나온다.

마 1:1, 아브라함과 다윗의 자손 예수 그리스도의 계보라

마 1:18, 예수 그리스도의 나심은 이러하니라 그의 어머니 마리아가 요셉과 약혼하고 동거하기 전에 성령으로 잉태 된 것이 나타났더니

20-21절, 다윗의 자손 요셉아 네 아내 마리아 데려오기를 무서워하지 말라 그에게 잉태된 자는 성령으로 된 것이라 아들을 낳으리니 이름을 예수라 하라 이는 그가 자기 백성을 그들의 죄에서 구원할 자이심이라

갈릴리 나사렛에서 살던 가난한 목수 요셉은 다윗의 후손이어서 유대 땅 베들레헴까지 144km를 여행하여 호적을 하게 된다. 그때, 호적하기 위하여 많은 사람들이 먼저 도착하였고, 요셉과 마리아는 여관을 구하지 못하고 마구간에서 아기 예수를 출산한 것이다.

만왕의 왕, 만주의 주이시라면 왕궁에서 출생하는 것이 당연지사이다. 그런데 우리의 왕 예수님은 마구간에서 출생하여 강보에 싸여 구유에 뉘어졌다 (눅 2:7)

3. 마구간에서 목자들의 노래

들판에서 목자들이 주 나신 소식을 듣고 구유에 누인 아기를 찾아가 찬송하였다.

눅 2:8-10, 그 지역에 목자들이 밤에 밖에서 자기 양 떼를 지키더니 주의 천사가 이르되 두려워하지 말라 내가 온 백성에게 미칠 큰 기쁨의 좋은 소식을 너희에게 전하노라

11절, 오늘 다윗의 동네에 너희를 위하여 구주가 나셨으니 곧 그리스도 주시니라

12절, 너희가 가서 강보에 싸여 구유에 뉘어 있는 아기를 보리니 이것이 너희에게 표적이니라

13절, 홀연히 수많은 천군이 그 천사들과 함께 하나님을 찬송하여 이르되

14절, 지극히 높은 곳에서는 하나님께 영광이요 땅에서는 하나님이 기뻐하신 사람들 중에 평화로다

15-16절, 이제 베들레헴으로 가서 주께서 우리에게 알리신 바 이루어진 일을 보자 하고 빨리 가서 마리아와 요셉과 구유에 누인 아기를 찾았도다

4. 동방박사들의 여행

동방박사들이 먼 여행 끝에 별빛의 인도함을 따라와 아기 예수께 경배하였다.

마 2:1-11, 예수께서 유대 베들레헴에서 나시매 동방으로부터 박사들이 예루살렘에 이르러 말하되 유대인의 왕으로 나신 이가 어디 계시냐 우리가 동방에서 그의 별을 보고 그에게 경배하러 왔노라 사람들이 그들에게 이르되 유대 베들레헴이오니 이는 선지자로 이렇게 기

록된 바 그들이 동방에서 보던 그 별이 아기 있는 곳으로 인도해주었으니 마구간에 들어갔을때 그들은 아기와 그의 어머니인 마리아가 함께 있는 것을 보고 엎드려 경배하니라

미가 선지자는 예수님 탄생 이전 700년대 이사야 선지자와 동시대에 활동한 자이다. 미가 선지자는 예수님께서 탄생할 장소를 정확하게 예언하였고 (미 5:2) 그 예언이 성취되었다.

동방의 박사들은 페르시아 나라의 천문을 연구하는 박사들로서 황금, 유향, 몰약을 예물로 드리고 경배하였다.

5. 선포

오늘, 성탄절에는 하나님의 말씀대로 태어난 독생자의 모습을 온 성도들과 함께 찬양하자.

요 1:1, 때초에 말씀이 계시니라

4절, 그 안에 생명 이 있었으니 이 생명은 사람들의 빛이라

14절, 말씀이 육신이 되어 우리 가운데 거하시매 우리가 그의 영광을 보니 아버지의 독생자의 영광이요 은혜와 진리가 충만 하더라

예수님의 부모공경

누가복음 2:41-52

1. 성경에는 부모의 유형을 소개하고 공경할 것을 교훈한다

① 육신의 부모에게 효도하라고 하나님께서 명령하셨다.

신 5:16, 너는 네 하나님 여호와께서 명령하신 대로 네 부모를 공경하라 그리하면 네 하나님 여호와가 네게 준 땅에서 네 생명이 길고 복을 누리리라

잠 23:22, 너를 낳은 아비에게 청종하고 네 늙은 어미를 경히 여기지 말지니라

② 나라의 왕을 부모라고 하였다.

삼상 24:11, 내 아버지여 보소서 내 손에 있는 왕의 옷자락을 보소서

다윗은 사울 왕이 자기를 죽이려고 군사 3,000명을 이끌고 수색을 하였으나 다윗은 사울을 죽일 수도 있었지만 사울 왕의 옷자락만 베고 살려주며 오히려 아버지라고 불렀다.

사울 왕은 감동을 받아 "내 아들 다윗아 나는 너를 학대하되 너는 나를 선대하니 너는 나보다 의롭도다 그 보다 나는 네가 반드시 왕이 될 것을 알고 이스라엘 나라가 네 손에 견고히 설 것을 아노라"(삼상 24:16-20)라고

축복을 해 주었다.

③ 고용주나 주인에게 아버지라고 불렀다.

> 왕하 5:13, 그의 종들이 나아와서 말하여 이르되 내 아버지여 선지자가 당신에게 큰일을 행하라 말하였더면 행하지 아니하였으리이까 하물며 당신에게 이르기를 씻어 깨끗하게 하라 함이리이까 하니

종들은 주인을 아버지라 불렀다.

④ 연령상 손위 사람, 친구의 부모도 부모로 모셔라.

> 딤전 5:1, 늙은이를 꾸짖지 말고 권하되 아버지에게 하듯 하며

> 딤전 5:2, 늙은 여자에게는 어머니에게 하듯 하며

⑤ 스승을 아버지라 불렀다.

엘리사는 스승 엘리야를 향하여 부르기를, "엘리사가 보고 소리 지르되 내 아버지여 내 아버지 이스라엘의 병거와 그 마병이여"(왕하 2:12)라고 하였다.

⑥ 영적-지도자를 아버지라 불렀다.

사도 바울은 갈라디아 교인을 향해서 "나의 자녀들아 너희 속에 그리스도의 형상을 이루기까지 다시 너희를 위하여 해산하는 수고를 하노니"(갈 4:19)라고 하였다. 그는 디모데에게 편지를 하면서, "믿음 안에서 참 아들 된 디모데에게 편지하노니"(딤전 1:2)라고 하였다.

2. 예수님은 효도의 모범을 보이셨다

눅 2:51, 예수께서 함께 내려가사 나사렛에 이르러 순종하여 받드시더라

예수님은 12살 때 부모와 함께 예루살렘 성전에 올라가셨다가 율법사와 종교지도자들과의 토론을 하신 후, 나사렛 동네에서 30세가 될 때까지 가난한 목수 일을 하며 6 명의 동생들을 보살피고, 육신의 어머니 마리아를 봉양하며 효도의 모범을 보여주셨다.

막 6:3, 이 사람이 마리아의 아들 목수가 아니냐 야고보와 요셉과 유다와 시몬의 형제가 아니냐 그 누이들이 우리와 함께 여기 있지 아니하냐

요셉의 이름이 없는 것으로 보아 예수님은 18년이란 시간을 가정을 위해 어머니와 동생들을 위해 희생의 효도를 다하셨다. 예수님은 30세부터 공생애를 시작, 효도할 것을 가르치셨다.

눅 3:23, 예수께서 가르치심을 시작하실 때에 삼십 세쯤 되시니라

예수님은 바리새인과 서기관들이 외식하며 부모에게 불효하는 것을 호되게 꾸짖으셨다.

마 15:5, 너희는 이르되 누구든지 아버지에게나 어머니에게 말하기를 내가 드려 유익하게 할 것이 하나님께 드림이 되었다고 하기만 하면 그 부모를 공경할 것이 없다 하여 너희의 전통으로 하나님의 말씀을 폐하는도다

예수님은 십자가상에서 죽기 직전에도 육신의 어머니 마리아에게 효도하셨다.

요 19:26-27, 예수께서 자기의 어머니와 사랑하시는 제자가 곁에 서 있는 것을 보시고 자기 어머니에게 말씀하시되 여자여 보소서 아들이니이다 하시고 또 그 제자에게 이르시되 보라 네 어머니라 하신대 그때부터 그 제자가 자기 집에 모시니라

기름 부으심으로 은혜의 문을 열라

누가복음 4:14-23

1. 특별한 사명을 부여하실 때 기름을 붓는다

예수님의 이름을 '그리스도'라고도 한다. 그리스도는 예수님이 3가지의 특별한 사명을 부여 받으셨다는 뜻이다.

① 왕을 세울 때 기름을 붓는다.

> 삼상 16:13, 사무엘이 기름 뿔병을 가져다가 그의 형제 중에서 그에게 부었더니 이 날 이후로 다윗이 여호와의 영에게 크게 감동되니라

> 삼상 16:1, 내가 너를 베들레헴 사람 이새에게로 보내리니 이는 그 아들 중에서 한 왕을 보았느니라 하시는지라

다윗 왕을 세울 때 기름을 부었다. 기름을 받은 다윗은 성령이 충만하였다. 예수님은 세례 요한에게 세례를 받자 하늘 문이 열리고 비둘기 같은 성령이 예수님에게 임하였다. 그리고 "하늘로서 소리가 나기를 너는 내 사랑하는 아들이라 내가 너를 기뻐하노라"라고 하였다. 예수님은 만왕의 왕이시다.

② 제사장을 세울 때 기름을 붓는다.

> 출 30:30, 너는 아론과 그 아들들에게 기름을 발라 그들을 거룩하게

하고 그들로 내게 제사장 직분을 행하게 하라

예수님은 우리의 대제사장이시다.

히 4:14, 우리에게 큰 대제사장이 계시니 승천하신 이 곧 하나님의 아들 예수시라

③ 선지자를 세울 때 기름을 붓는다.

왕상 19:16, 엘리사에게 기름을 부어 너를 대신하여 선지자가 되게 하라

예수님은 과거, 현재, 미래에 우리에게 꼭 있어야 할 선지자이시다.

2. 기름부음을 받으면 부드러워진다

성령은 기름과 같다. 성령의 충만을 받고 은혜의 문이 열린 성도는 부드럽다. 사도 바울을 보라. 그가 성령 받기 전에는 살인자요, 핍박자요, 폭행자였다. 그러나 그는 다메섹 도상에서 예수님을 만나고 아나니아 성도가 안수하매 성령의 충만을 받고 부드러운 전도자로 변화되었다.(행 9:1-18)

성령의 기름부음을 받자. 기름부음을 받으면 은혜의 문이 열리고, 부드러운 성도로 변화 받는다.

부드러운 남편이 가정의 평화를 가져온다. 부드러운 아내가 남편에게 새 힘, 활력소를 부어준다. 부드러운 부모가 되면 자녀들이 좋아한다. 부드러운 인격이 되면 형제, 부모, 이웃 모두가 좋아한다. 극진한 대우를 받고 존경을 받는다. 나도 부드러운 사람이야! 성령의 충만 받고 자랑해보자.

3. 기름을 부어 환자의 병을 치료한다

기름이 치료의 약으로 쓰여 졌다.

> 막 6:12-13, 제자들이 나가서 회개하라 전파하고 많은 귀신을 쫓아내며 많은 병자에게 기름을 발라 고치더라

선한 사마리아 사람은 강도 만나 피투성이 된 자에게 가까이 가서 기름과 포도주를 그 상처에 붓고 싸매주었다.(눅 10:33)

> 행 10:38, 하나님이 나사렛 모든 사람을 고치셨으니 이는 하나님이 함께 하셨음이라

> 약 5:14-15, 너희 중에 병든 자가 있느냐 그는 교회의 장로들을 청할 것이요 그들은 주의 이름으로 기름을 바르며 위하여 기도할지라 믿음의 기도는 병든 자를 구원하리니

4. 기름은 능력의 상징이요 재산이 된다

남편이 없는 과부가 두 아들과 함께 사는데 빚이 있어 빚 때문에 두 아들을 빼앗기게 된다. 과부가 엘리사 선지자에게 가서 하소연을 하였더니, 집에 한 병의 기름이 있다는 것을 알고 '동네방네에서 빈 그릇을 빌려다가 기름을 부어라 그리고 그 기름을 팔아 빚을 갚고 남은 것으로 생활을 하라'(왕하 4:1-7)고 하였다. 당시에는 각 가정에서 기름이 재산이요, 기름이 능력으로 여겨졌다.

5. 기름부음은 은혜의 문을 여는 비결이다

> 요1서 2:27, 너희는 주께 온 바 기름 부음이 너희 안에 거하나니 아무도 너희를 가르칠 필요가 없고 오직 그의 기름 부음이 모든 것을 너희에게 가르치며 … 주 안에 거하라

> 렘 31:14, 내가 기름으로 제사장들의 마음을 흡족하게 하며 내 복으로 내 백성을 만족하게 하리라 여호와의 말씀이니라

참 자유를 주시는 예수님

누가복음 4: 16~21

I. 예수님은 참 자유를 주시는 만왕의 왕이시다

국가의 흥망성쇠, 인간의 생사화복을 주장하시는 분이시다. 국가의 대통령에게는 사면권을 행사하는 권한이 있다. 예수님은 만민의 죄와 죽음과 시단의 얽매임에서 풀어 참 자유를 주시는 만왕의 왕권을 가지신 분이시다.

> 요 8:34-36, 예수께서 대답하시되 진실로 진실로 너희에게 이르노니 죄를 범하는 자마다 죄의 종이라 종은 영원히 집에 거하지 못하되 아들은 영원히 거하나니 그러므로 아들이 너희를 자유롭게 하면 너희가 참으로 자유로우리라

예수님은 기름부음을 받은 그리스도이시다. 예수님은,

- 제사장직(출 21:41)
- 선지자직(왕상19:16)
- 왕직(삼상 10:1)

이 세 직분을 수행하는 하나님의 아들이시다. 예수님은 오늘, 우리에게도 참 자유를 누릴 것을 말씀하신다.

> 요 8:32, 진리를 알지니 진리가 너희를 자유롭게 하리라

자유가 얼마나 소중하면 "자유가 아니면 죽음을 달라"고 하였을까?

2. 예수님은 가난한 자에게 부요함을 주신다

> 고후 8:9, 우리 주 예수 그리스도의 은혜를 너희가 알거니와 부요하신 이로서 너희를 위하여 가난하게 되심은 그의 가난함으로 말미암아 너희를 부요하게 하려 하심이라

일본은 36년 동안 우리의 있는 것 모든 것을 빼앗아 갔다. 우리나라는 그로 인해 가난하게 살았다. 6, 25동란의 원인도 일본 때문이다. 일본은 우리의 국보도 빼앗아 갔다. 우리의 한글도 빼앗고, 정신마저 빼앗으려고 하였다. 고유의 성과 이름마저 일본식으로 부르게 하였다. 독도 땅도 자기들 것이라고 지금도 주장하고 있다.

우리나라가 해방되고 광복된 것은 하나님의 은혜이다. 예수님을 잘 믿는 기독교 국가들의 도움으로 해방이 된 것이다. 초대 이승만 대통령 '정동감리교회' 장로이셨다. 윤보선 대통령도 독실한 기독교인이었다. 장면 대통령 가톨릭 신도였다. 박정희 대통령의 '잘 살아 보세'는 덴마크의 농업정책을 본받은 것이다.

기독교 국가가 선진국이다. 북한과 남한을 비교해 보자. 북한은 600만 명이 먹을 양식이 부족하다고 한다. 교회가 세워진 동네가 잘 살고 있다. 예수 잘 믿는 가정, 가난으로 출발하였지만 시간이 길수록 잘 살게 되는 것이다.

우리 교회의 모든 가정이 하나님의 말씀대로 예수 잘 믿고, 십일조생활 하여 부자 되고 술, 담배하지 않으니 건강하고 기도하고 찬송하니 우울증, 불안 근심 다 물러가고 마음에 참된 평안과 기쁨이 샘솟아나듯 넘치게 된다.

깊은 데로 가서 그물을 내려 고기를 잡으라

누가복음 5:1-11

1. 깊은 데로 가서 그물을 내려 고기를 잡으라

예수님은 목수이셨다. 베드로는 직업이 어부였다. 예수님의 명령, 깊은 데로 가서 그물을 내려 고기를 잡으라는 것에는 순종하기가 어려운 조건들이 있다.
- 시간적으로 고기는 밤에 잡히고 아침에는 고기가 잡히지 않는다.
- 장소적으로 깊은 곳에는 고기가 없는 곳이다.
- 이미 그물을 다 씻어 놓아 다시 그물을 내리는 것은 노력상 손해가 되는 것이었다.

자신은 어부로 평생 직업을 삼아왔고, 예수님의 직업은 목수였다. 고기가 어디에, 어떤 시간에 있는 것을 어부가 더 잘 알고 있는 것이었다.

2. 이해가 되지 않았으나 순종하면 결과가 좋다

베드로는 자신의 배를 강단 삼아 말씀을 무리에게 가르치시는 것을 보고, 말씀을 듣고 예수님은 보통 분이 아닌 권위가 있는 분임을 감지한 것이다. '깊은 데로 가서 그물을 내려 고기를 잡으라.'고 명령할 수 있는 분은 아직까지 보지 못하였던 베드로였다.

그날만 밤새도록 고기를 못 잡지 않았을 것이다. 예수 선생님을 만나기 전에는 수십 번 고기잡이 실패를 했던 경험이 있었을 것이다. 그런데 예수 선생님의 명령은 권위가 있었다. 이해가 되지 않았지만 베드로는 말씀에 의지하여 그물을 내리겠다는 대답으로(눅 5:5)순종하였다.

눅 5:6, 그렇게 하니 고기를 잡은 것이 심히 많아 그물이 찢어지는지라

7절, 이에 다른 배에 있는 동무(야고보와 요한)들에게 손짓하여 와서 도와 달라 하니 그들이 와서 두 배에 채우매 잠기게 되었더라

밤새 고기를 못 잡은 것은 사업의 실패를 뜻한다. 두 배에 잠길 정도로 고기를 잡은 것은 사업의 성공을 의미한다. "예수님 내 주여 내 중심에 오소서/ 주님 한 분만으로 만족 하옵니다. 아멘."

삼상 15:22, 순종이 제사보다 낫고 듣는 것이 숫양의 기름보다 나으니

3. 풍성히 주시는 주님이시다

예수님께서 베드로에게 "깊은 데로 가서 그물을 내려 고기를 잡으라."고 하심은 베드로가 밤새도록 고기 한 마리도 잡지 못하고 실의에 빠져 있는 것을 보시고 모든 것을 다 아시는 주님은 베드로를 도와 풍성한 고기가 잡히도록 하신 것이다. 주님께서는 그에게 그물이 찢어질 정도로 두 배에 가득 차게 채워주셨다.

현대판 베드로 김상태 집사의 실화이다. 포항 구계마을 어촌 구계교회의 김상태(44세) 집사는 21년 된 교회 건물이 물이 새고 시골 할아버지, 할머니들만 있으니 교회를 새로 건축할 형편도 안 되었다. 김상태 집사는 돌 횟집을 개업 경영하고, 배도 7.5톤 소유하고, 고기 잡는 정치망 어장을 가지고는 있지만 4억6천만 원의 빚을 진 상태였다.

어느 날, 목사님을 모시고 동해안 바닷가에서 안수기도를 받았다. "하나님 도와주십시오. 교회 건축을 하도록 축복해 주세요. 빚 4억6천만 원 갚게 해 주시면 교회당을 건축하겠습니다."

그해 2000년 12월 25일 성탄일 새벽에 전화가 왔다. 바다 그물을 보살피러 갔던 동생의 전화였다. 고기가 엄청나게 잡혔다는 것이다. 7.5톤의 배에 방어고기 2,500마리를 잡은 것이다. 어판 장에 경매 한 마리에 16만9천원, 합이 4억 원이 되었다. 그리고 2차로 정치어망 고기를 또 2,500마리를 잡았는데 그때는 한 마리에 3만원 1억 6천만 원을 수입 모두 5억6천만 원 수입을 잡은 것이다.

십일조로 5천6백만 원을 하나님께 드리고 빚을 모두 갚았다. 그래서 믿음으로 횟집을 담보로 융자를 받아 교회를 건축했다. 그랬더니 한 달 후 밍크고래(5m 30cm)가 잡혔다. 더욱 놀라운 것은 그 후 1년이 경과 신문에 "현대판 베드로 김상태 집사 방어 5,000마리, 밍크고래 잡다."란 기사를 보고 서울에 사는 그것도 가톨릭 신자가 찾아와서 횟집 옆에 시가 5억 원의 땅을 기증해 주었다.

4. 주여! 나를 떠나소서 나는 죄인이로소이다

평생 어부로 직업을 갖고 살아온 전문 직장인 베드로는 예수님의 말씀을 듣고 순종한 결과 엄청난 복을 받자 자신의 모습을 발견하였다. 베드로는 예수님의 무릎 아래 엎드렸다.

눅 5:8, 주여 나를 떠나소서 나는 죄인이로소이다

5. 겸손해진 베드로에게 새로운 일을 맡기셨다

예수님은 베드로에게 말씀하셨다.

눅 5:10, 무서워 말라 이제 후로는 네가 사람을 취하리라

베드로는 배를 버리고 예수를 따라 예수의 제자가 되었다. 새로운 삶이 시작되었다.

죽음의 문제를 해결하신 하나님

누가복음 7:11-17

눅 7:12, 성문에 가까이 이르실 때에 사람들이 한 죽은 자를 메고 나오니 이는 한 어머니의 독자요 그의 어머니는 과부라 그 성의 많은 사람도 그와 함께 나오거늘

죽은 자를 메고 오는데 죽은 자는 그 어미의 독자요 어미를 과부라고 한 것을 보면 아버지가 이미 죽었고, 아들도 죽었다. 죽음에는 순서가 없다. 부모보다 자식이 먼저 죽는 모습을 보면 정말 안타깝다.

1. 죽음은 누구에게나 닥쳐온다

히 9:27-28, 한번 죽는 것은 사람에게 정해진 것이요 그 후에는 심판이 있으리니 이와 같이 그리스도도 많은 사람의 죄를 담당하시려고 단번에 드리신 바 되셨고 구원에 이르게 하기 위하여 죄와 상관없이 자기를 바라는 자들에게 두 번째 나타나시리라

죽음은 누구에게나 닥쳐 오고야 만다. 인간의 몸을 입고 오신 예수님께서도 인류의 죄를 대속하시기 위해 십자가에서 죽으셨다.

롬 5:12, 한 사람으로 말미암아 죄가 세상에 들어오고 죄로 말미암아 사망이 들어왔나니 이와 같이 모든 사람이 죄를 지었으므로 사망이 모든 사람에게 이르렀느니라

성경에 가장 장수한 므두셀라, 그는 969 세를 살고 죽었다.(창 5:27)

시 90:10-12, 우리의 연수가 칠십이요 강건하면 팔십이라도 그 연수

의 자랑은 수고와 슬픔뿐이요 신속히 가니 우리가 날아가나이다. 누가 주의 노여움의 능력을 알며 누가 주의 진노의 두려움을 알리이까 우리에게 우리 날 계수함을 가르치사 지혜로운 마음을 얻게 하소서

죽음의 준비를 잘 하는 자가 지혜로운 자라는 교훈이다.

전 7:2, 초상집에 가는 것이 잔칫집에 가는 것보다 나으니 모든 사람의 끝이 이와 같이 됨이라 산 자는 이것을 마음에 둘지어다.

4절, 지혜자의 마음은 초상집에 있으되 우매한 자의 마음은 혼인집에 있느니라

우리의 이웃, 우리의 가족, 우리의 형제의 죽음의 소식이 들리게 되면 찾아 뵙고 조의를 표하시고 함께 울어주고 위로해 주시는 지혜로운 자 되시기를 바란다. 예수님은 우는 자들과 함께 울라 하셨다.

2. 예수님은 죽음 당한 가족을 보시고 불쌍히 여기셨다

눅 7:13-14, 주께서 과부를 보시고 불쌍히 여기사 울지 말라 하시고 가까이 가서 그 관에 손대시니 멘 자들이 서는지라

사람들은 장례행렬을 보면 재수 없다고 피한다. 어떤 마을에서는 통행로도 막아버린다. 그런데 예수님은 청년의 시신을 운구하는 모습을 보고 외면하지 않으셨다. 예수님은 과부를 보시고 불쌍히 여기시고, 울지 말라 위로하셨다. 예수님은 슬픔을 당하신 유족을 보시고 소망의 말씀을 하셨다.
'불쌍히 여기시다'의 헬라 원어는 스물랑크니조마이, 창자까지 뒤틀려지는 듯한 비통함과 연민을 느낀다는 뜻이다. 예수님은 과부의 슬픔을 보시고 얼마나 큰 동정과 긍휼과 사랑을 보내셨는가?
예수님은 나사로의 죽음소식을 듣고 베다니로 달려 가셨다.

요 1:33, 예수께서 우는 것을 보시고 심령에 비통히 여기시고 불쌍히 여기사

35절, 예수께서 눈물을 흘리시더라

그리고 나사로를 살리셨다. 예수님은 야이로의 딸, 어린소녀가 죽었을 때도 "달리다굼 내가 네게 말하노니 소녀야 일어나라."(막 5:41) 하시고 12살 된 소녀를 살려 아버지 야이로를 위로해 주셨다.

3. 죽음의 문제를 해결하신 예수님

눅 7:14-15, 예수께서 이르시되 청년아 내가 네게 말하노니 일어나라 하시매 죽었던 자가 일어나 앉고 말도 하거늘 예수께서 그를 어머니에게 주시니 모든 사람이 두려워하며 하나님께 영광을 돌리니

예수님은 육체의 죽은 자만 살린 것이 아니시다. 예수님 자신이 십자가에서 죽으셨다가 삼 일만에 부활하셨고, 죄로 말미암아 죽은 우리의 영혼도 살려주셨다.

예수님을 믿으라. 그러면 죽을 우리도 살아나는 복을 받는다.

요 11:25-26, 나는 부활이요 생명이니 나를 믿는 자는 죽어도 살겠고 무릇 살아서 나를 믿는 자는 영원히 죽지 아니하리니 이것을 네가 믿느냐

눅 23:43, 예수께서 이르시되 내가 진실로 네게 이르노니 오늘 네가 나와 함께 낙원에 있으리라

예수님과 함께 변화산으로 가십시다

누가복음 9:28-36

1. 예수님과 함께 변화산으로 갑시다

예수님께서 세 명의 제자를 데리고 기도하러 올라가신 산은 동네에서 떨어져 있고 높은 장소이기 때문에 기도하기 좋은 장소였다. 그 산은 팔레스틴의 다볼산이라고 한다. 예수님께서 산에 가신 목적은 인류의 죄를 대속하기 위해 십자가에 달리시기 전 기도할 목적으로 올라가신 것이다. 예수님은 중요한 때, 산에 가셔서 기도하셨다.

> 눅 6:12-13, 예수께서 기도하시러 산으로 가사 밤이 새도록 하나님께 기도하시고 밝으매 그 제자들을 부르사 그 중에서 열둘을 택하여 사도라 칭하셨으니

> 눅 22:39, 예수께서 나가사 습관을 따라 감람산에 가셔서

> 44. 예수께서 힘쓰고 애써 더욱간절히 기도하시니 땀이 땅에 떨어지는 핏방울 같이되더라

> 눅 9:28-36, 예수께서 베드로와요한과 야고보를 데리고 기도하시러 산에 올라가사

2. 예수님의 변화되심 같이 우리도 변화하자

예수님께서 제자들과 산에서 기도하실 때에 용모가 변화되고 옷이 희어지

며 광채가 났다. 예수님의 산에서의 변화된 모습은 중요한 사건이므로 공관복음(마 17:1-8, 막 9:2-8, 눅 9:28-36)에 기록되어 있다.

> 마 17:2, 그들 앞에서 변형되사 그 얼굴이 해 같이 빛나며 옷이 빛과 같이 희어졌더라

> 막 9:2-3, 그들 앞에서 변형되사 그 옷이 광채가 나며 세상에서 빨래하는 자가 그렇게 희게 할 수 없을 만큼 매우 희어졌더라

> 눅 9:29, 기도하실 때에 용모가 변화되고 그 옷이 희어져 광채가 나더라

예수님의 변화사건은,
- 예수님의 얼굴이 해같이 빛나며 옷이 빛과 같이 광채가 나는 것은 예수님이 하나님의 아들이심과 우리의 메시아 구세주이심을 나타내신 것이다.
- 예수님의 변한 모습은 십자가의 고난과 죽으심 그리고 부활의 영광을 나타내시기 위함이다.
- 예수님 변화사건은 말세에 예수님 영광중에 재림하실 것을 예시한 것이다.

예수님께서는 만유의 주로, 모든 사람을 재판하는 마지막 때에 심판의 주로 오신다. 본디오 빌라도에게 고난을 받으셨지만 부활승천하신 주님은 산 자와 죽은 자를 그 행위대로 심판하셔서 예수 믿는 자는 천국으로, 불신자는 지옥으로 재판을 하신다.

예수님을 믿으라. 예수님을 구세주로 믿으라. 예수님을 심판의 주로 모시라.

> 요 5:24, 내가 진실로 진실로 너희에게 이르노니 내 말을 듣고 또 나보내신 이를 믿는 자는 영생을 얻었고 심판에 이르지 아니하나니 사망에서 생명으로 옮겼느니라

- 성도는 예수님을 닮아 변화된 삶을 살아야 한다. 사도 바울은 폭행자요

핍박자요. 살인자 죄인중에 괴수라고 자신의 과거를 폭로하고(딤전 2:13-15) 예수를 만난 후 변화 받아 새로운 삶을 살았다.

고전 11:1, 내가 그리스도를 본받는 자가 된 것 같이 너희는 나를 본받는 자가 되라

롬 12:2, 너희는 이 세대를 본받지 말고 오직 마음을 새롭게 함으로 변화를 받아 하나님의 선하시고 기뻐하시고 온전하신 뜻이 무엇인지 분별하도록 하라

계 3:5, 이기는 자는 이와 같이 흰옷을 입을 것이요 내가 그 이름을 생명책에서 결코 지우지 아니하고 그 이름을 내 아버지 앞과 그의 천사들 앞에서 시인하리라

계 7:9-17, 각 나라의 족속과 백성과 방언에서 아무도 능히 셀 수 없는 큰 무리가 나와 흰 옷을 입고 손에 종려가지를 들고 보좌 앞과 어린 양 앞에 서서 구원하심이 보좌에 앉으신 우리 하나님과 어린 양에게 있도다.

13-14절, 이 흰옷 입은 자들이 누구며 또 어디서 났느냐 이는 큰 환난에서 나오는 자들인데 어린 양의 피에 그 옷을 씻어 희게 하였느니라

예수님을 믿으면 예수님을 본받아 옷이 희게 변화 받는 축복자가 된다.

3. 하나님을 만나고 예수님만 바라보십시다

변화산에서 모세와 엘리야가 예수님과 함께 영광중에 예루살렘에서 예수님의 별세하실 것을 말씀하셨다.(눅 9:30-31) 모세는 율법의 대표자요, 엘리야는 구약 선지자의 대표자이시다. 또 제자들은 구름 속에서 하나님의 음성을 들었다.

눅 9:35-36, 이는 나의 아들 곧 택함을 받은 자니 너희는 그의 말을 들으라 그리고 소리가 그치매 오직 예수만 보이더라

베드로는 후일 이 사건을 간증하였다.

벧후 1:16-18, 우리는 그의 크신 위엄을 친히 본 자라 지극히 큰 영광 중에서 이러한 소리가 그에게 나기를 이는 내 사랑하는 아들이요 내 기뻐하는 자라 하실 때에 그가 하나님 아버지께 존귀와 영광을 받으셨느니라 이 소리는 우리가 그와 함께 거룩한 산에 있을 때에 하늘로부터 난 것을 들은 것이니라

죽은 자들이 가는 곳, 지옥과 천국이 있다

누가복음 16:19-31

1. 사람은 꼭 죽는다

히 9:27, 한 번 죽는 것은 사람에게 정하신 것이요 그 후에는 심판이 있으리니

심판은 죄지은 사람이 받는 형벌이다.

롬 6:23, 죄의 삯은 사망이요 하나님의 은사는 그리스도 예수 우리 주 안에 있는 영생이니라

본문에서 예수님께서 제시하신 부자의 죽음과 거지 나사로의 죽음을 교훈하신 것은 우리 모든 인생은 한번은 죽는다는 철칙을 생각하게 하셨다.

부자는 돈 많은 사람이다. 자색 옷은 고급 관리들이 입는 옷이다. 날마다 호화롭게 즐기더라는 것은 따르는 사람 추종자들이 많거나 친구, 동료가 많은 인사를 초청해 큰 잔치를 즐기는 것을 가리킨다.

이 부자는 죽음을 생각지 못하였던 것 같다. 죽음 준비를 못 한 것은 세상 향락에 도취되어 있었기 때문이다. 죽음은 예고 없이 찾아온다. 부자는 죽어 지옥에 가 고통을 받되 영원토록 고통을 받는 불행자가 되고 말았다.

본문에서 거지는 가진 것이 없는 사람이다. 그런데 그의 이름이 있다. '나사로'라는 이름의 뜻은 "하나님이 도우시는 자"이다.

빌 4:3-4, 동역자들을 도우라 그 이름들이 생명책에 있느니라

생명책에 기록된 나사로는 천국에 갔다. 아브라함의 품 안은 영생복락 누리는 영원한 천국이다.

2. 불신자는 지옥으로 간다

지옥이 어떤 곳인가? 성경은 우리에게 지옥이 얼마나 고통스러운 곳인가를 가르쳐 주고 있다. 그런데 이상한 것은 성경이 가르쳐 주는 지옥의 경고문을 읽고 듣고 보아도 금세 기억도 나지 않게 잊어버린다는 사실이다.

> 막 9 : 48-49, 지옥 꺼지지 않는 불 거기에서는 구더기도 죽지 않고 불도 꺼지지 아니하느니라

사람마다 불로서 소금 치듯 함을 받으리라 죽고 싶어도 죽지 않는 곳, 영원히 고통 받는 장소가 지옥이다.

3. 무신론자들도 지옥이 있음을 증언한다

① 뉴포트 - 영국 무신론자협회 회장
그는 죽어가면서, 한 말이다.
- 내게 하나님이 없다는 말은 필요 없다. 나는 하나님이 계신다는 것을 알고 있다 나는 그의 진노 앞에 서 있다. 나의 영혼은 이미 지옥으로 떨어지고 있음을 느낀다. 불쌍한 사람들이여 나에게 소망이 있다는 부질없는 말은 집어치우라. 나는 영원히 잃어버린 자이다.

② 볼테르 - 불란서 계몽주의 철학자, 무신론자
- 기독교가 건설되기는 수백 년이 걸렸지만 불란서의 한 사람이 50년 안에 기독교를 다 파괴해 버릴 것이다. 100년 안에 성경책은 다 없어진다.

그런데 그가 죽음 직전 무서워 벌벌 떨면서,
- 나는 하나님과 사람에게 버림을 당하였구나, 의사여 나를 6개월만 더 살 게 해 주오 그러면 나의 값진 재산 절반을 주겠소.
의사가 그에게 말했다. "당신은 6주간도 못 삽니다."
"그러면 나는 지옥으로 가는구나. 당신도 나와 같이 갑시다."
그리고 죽었다. 그가 죽은 뒤에, 볼테르의 집은 성서공회에서 매입, 방마다 성경책이 가득 차 있고, 성경은 세계 베스트셀러가 되고 있다.

③ 프란시스 뉴톤 - 무신론자
임종 시에,
- 나는 영원히 정죄 받았구나. 하나님이 나의 원수가 되었으니 누가 나를 구원하리요. 아! 나는 지옥과 저주의 견딜 수 없는 고통을 받노라.

④ 토마스 스코트 - 무신론자
그는 탄식하며 죽었다.
- 나는 이때까지 하나님도 없고, 지옥도 없는 줄 알았는데 지금은 둘 다 있 다는 것을 안다. 나는 전능자의 공의로운 심판에 의하여 멸망으로 들어가 는구나.

감사는 하나님께 영광 돌리는 일이다

누가복음 17:1-19

1. 감사하는 생활을 하자.

의미 있는 감사의 글을 소개한다.

"오늘, 아침 일어났을 때 당신의 몸이 건강하다면 당신은 이번 주를 넘겨 살지 못하는 이 세상의 백만 명보다 복을 받은 사람이다.

한 번도 전쟁의 위험이나 수용소의 외로움이나 고문의 고통이나 굶주림의 쓰라림을 경험하지 못했다면 당신은 5억 명의 사람들 보다 더 나은 복을 받은 사람이다.

체포 · 협박, 학대, 고문 그리고 죽음의 두려움이 없이 교회를 나갈 수 있다면 당신은 이 세상의 30억의 사람들보다 복을 받은 사람이다.

만일 당신의 냉장고 안에 음식이 있다거나, 당신의 몸에 옷이 걸쳐져 있다거나, 머리 위에 지붕이 있고 잠 잘 장소가 있다면 당신은 이 세상 인구의 75% 보다 더 부유한 사람이다.

통장이나 지갑에 돈이 있거나 집 어딘가에 작은 그릇 안에 남은 동전들이 있다면 당신은 이 세상의 8% 상위권 안에 드는 부유층이며, 두 부모가 아직 살아계시고 아직 이혼하지 않으셨다면 보기 드문 복을 입은 사람이다.

하지만 당신이 고개를 들고 얼굴에 미소를 띠고 감사 할 수 있다면 당신은 그야말로 놀라운 복을 받은 사람이다. 왜냐하면 대부분이 그렇게 할 수 있는데도 하지 않기 때문이다.

만일, 당신이 다른 사람의 손을 잡아주거나 안아주거나 누군가의 어깨에 손을 얹어준 그것 역시 복을 받은 것이다. 왜냐하면 당신은 놀라운 치유의 능력을 사용하고 있기 때문이다."

2. 감사는 하나님께 영광을 드리는 일이다

웨스트민스터 성경요리문답을 보자.
제 1문: 사람의 제일 되는 목적이 무엇인가?
(답) 사람의 제일 되는 목적은 하나님을 영화롭게(영광을) 하는 것과 영원토록 그를 즐거워하는 것이다.

> 고전 10:31, 그런즉 너희가 먹든지 마시든지 무엇을 하든지 다 하나님의 영광을 위하여 하라

예수님께서 나병환자 10명을 만나셨다. 나병환자(문둥병자) 10 명은 멀리 서서 예수님께 소리 높여 호소한다.

> 눅 17:13, 예수 선생이여 우리를 불쌍히 여기소서

예수님은 그 소리를 외면하지 않으셨다. 말씀하시기를,

> 눅 17:14, 가서 제사장들에게 너희 몸을 보이라

> 레 14:3, 제사장은 진영에서 나가 진찰할지니 그 환자에게 있던 나병 환부가 나았으면

제사장은 나병환자의 유무를 판별하는 일을 하였다. 10 명의 나병환자들은 예수님의 말씀을 순종하여 제사장이 살고 있는 곳으로 가는 도중 문둥병이 나은 것을 발견한다. 얼마나 좋았을까? 그런데 그중 한 사람이 큰 소리로 하나님께 영광을 돌리며 예수님께 나아와 발 아래 엎드리어 감사하였다.(눅 17:15-16)
그 한 사람은 사마리아 사람이었다. 예수님께서 말씀하셨다. "열 사람이

다 깨끗함을 받지 아니하였느냐 그 아홉은 어디 있느냐 이 이방인 외에는 하나님께 영광을 돌리러 돌아온 자가 없느냐."(눅 17:17-18)라고 분노하셨다. 예수님은 감사하는 것이 곧 하나님께 영광을 돌리는 것이라고 가르쳐 주셨다.

3. 감사하면 더 큰 복을 받아 누리게 된다

10 명의 나환자 중, 9 명은 유대인, 한 사람은 이방인 사마리아 사람이다. 유대인에게는 성민이라는 자존심이 대단하다. 그러나 문둥병자가 되고 보니 사마리아 문둥병자나 자신들이 나 똑같은 처지임을 알고 함께 지나왔다. 그런데 병이 나은 것을 보자 유대인 9 명은 사마리아인과 거리를 두게 된다. '우리는 유대인이야, 너는 이방인이야.'

함께 동행하던 사마리아인을 격리시키고 자기들 갈 길을 가버렸다. 그들은 육신의 병은 고쳐졌지만 마음의 문둥병, 교만의 병은 고침 받지 못하였다. 사마리아인은 감사하는 마음이 생겼다. 마음의 병까지 고쳐진 것이다. 예수님께서 돌아와 엎드려 감사하였는데 예수님은 하나님께 영광을 돌렸다고 칭찬해 주셨다.(눅 17:18) "일어나 가라 네 믿음이 너를 구원하였느니라."(눅 17:9) 그는 영원한 생명구원의 복까지 받았다.

왕하 5장에 아람나라 군대장관 나아만 장군은 문둥병을 고치기 위해서 엘리사 선지자의 말씀 요단강에 일곱 번 씻으라(왕하 5:10)는 말씀 순종하여 깨끗하게 회복되었다.(왕하 5:14) 나아만 장군은 감사하여 엘리사의 집 흙을 노새 두 마리에 싣고 고국에 가서 여호와 하나님을 경외하였다. 감사하면 하나님께서 영광을 받으신다.

9:1의 감사

누가복음 17:11-19

1. 감사를 잃어버린 사람들이 많다

> 눅 17:11, 예수께서 예루살렘으로 가실 때에 사마리아와 갈릴리 사이로 지나가시다가 한 마을에 들어가시니

누가복음을 기록한 저자는 당시에 최고 학문을 공부한 의사인 누가 의사이다. 예루살렘은 남쪽에 있고 북쪽으로 사마리아 그리고 더 북쪽에 갈릴리가 위치하고 있는데 누가 의사는 지리도 모르고 사마리아, 갈릴리라고 하며 사마리아를 먼저 기록하였을까? 본문에서 열 명의 나병환자들은 함께 고침을 받았으나 사마리아 사람만이 예수님에게 돌아와 감사를 하였기 때문에 사마리아 지명을 먼저 기록한 것이다.

"열 명의 나병 환자는 멀리 서서 소리 높여 이르되 예수 선생님이여 우리를 불쌍히 여기소서."(눅 17:12-13)라고 하였다. 나병 환자의 규례가 기록되어 있다.(레 13:1-59) 몸속 세균에 의해 눈썹, 뺨, 코 및 귀에 결점이 생기며 손과 발의 관절을 녹여 떨어져 나가기도 하며 탈색된 반점이 나타나고, 바늘로 찔러도 통증도 느끼지 못하는 무서운 병이다.

나병에 걸리면 집을 떠나야 하고, 사람과 거리를 두고 말해야 하고 윗입술을 가려 '부정하다, 부정하다'고 외쳐 사람들의 접근을 방지해야 하는 처지가 된다.

예수님은 이들을 불쌍히 여기시고 말씀하셨다.

> 눅 17:14, 가서 제사장들에게 너희 몸을 보이라

당시에, 제사장에게는 나병환자들을 진단하고 돌보며 예방하는 책임이 있었다.(레 13장, 14장) 예수님은 당시의 종교 규례를 지키셨다. 예수님께서 하신 명령은 그 말씀에 순종하는 신앙을 요구하셨던 것이다. 열 명은 제사장이 있는 곳을 향해 가는 도중에 나병이 깨끗이 고침을 받은 것이다. "불쌍히 여기소서."라고 한 기도에 응답이 이루어졌다.

지금, 우리가 사는 현실세계를 진단해 보자. 감사한다고 말하는 사람보다 원망 불평 불만하는 사람이 더 많다. 부모님을 원망하고, 스승을 원망하고, 직장상사를 욕하고 불신한다. 더구나 요즘 장마가 계속되자 하나님을 원망한다. 농작물이 침수되고 축대가 무너지고 가옥이 물에 잠겨 인명피해도 일어났다.

어느 쪽을 보아도 감사할 조건이 없는 것 같다. 그러한 상황에서라도 우리 성도들은 감사를 잃지 말아야 한다. 예수님은 우리의 마음의 중심을 보신다.

> 사 55:8, 여호와의 말씀에 내 생각이 너희 생각과 다르며 내 길은 너희의 길과 다름이니라

하나님의 은혜로 회복되고, 고침 받은 것을 우연으로 생각하기 때문에 감사를 하지 않은 것이다.

2. 예수님은 감사하는 자에게 축복하셨다. 즉시 해야 좋다

> 눅 17:15-6, 그 중 한 사람이 자기의 나은 것을 보고 큰소리로 하나님께 영광을 돌리며 돌아와 예수의 발 아래에 엎드리어 감사하니 그는 사마리아 사람이라

열 명 중 한 명이 즉시 감사를 드렸다. 9:1이다. 아홉 명도 감사하는 마음이 있었을 것이다. 그러나 그들은 나중에 천천히, 차차 하리라. 그러나 주님은

즉시 감사하는 사마리아인에게 칭찬하셨고 축복을 하셨다.

돈키호테를 쓴 세르반테스는 "햇빛이 비출 때 건초를 만들라"고 하였다. "쇠뿔도 단김에 빼라"는 말이 있다. 감사는 마음이 식어지기 전에 해야 한다. 마귀는 차차, 형편이 나아지면 더 크게 해야지 시간을 늦추게 한다. 마귀는 감사하는 마음을 빼앗아 간다. 시간이 흐르면 감사하는 마음도 흘러간다. 그러다가 감사할 마음도 없어지고 만다.

예수님을 보자. 어린아이가 가져온 보리떡 다섯 개 물고기 두 마리를 받고 감사부터 먼저 하셨다. 그랬더니 5천 명을 먹일 수 있는 기적이 베풀어졌다.(마 14:19-21) 바울과 실라가 밤중에 기도하고 하나님을 찬미하니 옥문이 열린 것이다.(행 16:25-40)

예수님은 즉시 감사하는 사마리아인에게 칭찬하셨다.
"이 이방인 외에는 하나님께 영광을 돌리러 돌아온 자가 없느냐."(눅 17:18)
"네 믿음이 너를 구원하였느니라."(눅 17:19) 구원의 축복을 하셨다.
이 구원은 육신의 구원, 영혼의 구원 모두의 구원이다.

 골 2:7, 믿음에 굳게 서서 감사함을 넘치게 하라

주님께 쓰임 받는 자가 되자

누가복음 19:28-40

1. 매인 나귀 새끼를 풀어 끌고 오라고 하셨다

오늘의 주인공은 만왕의 왕 되신 예수님이시다. 그리고 수많은 조연들이 등장한다. 그 나귀 새끼도 등장한다.

예수님은 예루살렘에 들어가실 때 평소에는 걸어서 가셨다. 그러나 오늘은 특별하게도 제자들에게 벳바게와 베다니 마을에 있는 아무도 타보지 않은 새끼를 풀어 끌고 오라고 하셨다.

> 눅 19:31, 만일 누가 너희에게 어찌하여 푸느냐 묻거든 말하기를 주가 쓰시겠다 하라

제자들은 주님께서 하신 말씀에 따라 갔더니 나귀의 주인이 나귀 새끼를 내어주었다. "어찌하여 나귀 새끼를 푸느냐?", "주께서 쓰시겠다 하십니다." 주인이 허락하였다.(눅 19:29-34)

영광을 받은 나귀를 보자. 사람들로부터 관심 외에 있는 동물도 주님께 쓰임 받았을 때 수많은 군중들로 부터 영광을 받았다. 그의 등에는 만왕의 왕 예수님을 모셨고, 걸어가는 길에는 사람들이 벗어 놓고 깔아드린 겉옷을 밟고 가도 모든 군중은 호산나 환호를 하고 심지어 왕이 승리 입성하였을 때 사용되는 종려나무 가지를 들어 영접하는 것을 보고 나귀새끼는 너무나 황홀하였을 것이다.

2. 풀어 자유롭게 하시는 주님

우리는 여기에서 유심히 주의하여 볼 단어가 있다. "나귀 새끼가 매여 있는 것을 보리니 풀어 끌고 오라."(눅 19.30) 매여 있는 것을 보리니 풀어 끌고 오라는 것이다. 예수님은 매여 있는 자(것, 존재)를 풀어주시는 해결사이시다. 사실, 사람들은 예수님을 알지 못할 때 무엇엔가 매여 있는 상황에 있다. 매여 있는 자를 풀어주시는 주님이시다.

① 죄에 얽매인 자를 풀어주신다.

잠 5:22, 악인은 자기의 악에 걸리며 그 죄의 줄에 매이나니

② 악한 원수마귀 사탄에게 매여 있는 자를 풀어 주신다.

눅 13:16, 열여덟 해 동안 사탄에게 매인바 된 이 아브라함의 딸을 안식일에 이 매임에서 푸는 것이 합당하지 아니하냐

③ 병마에 매인 자를 풀어 건강하게 하신다.

예루살렘의 베데스다 연못가에 38년 된 병자를 향해 일어나 걸어가라 하시고 고쳐주셨다.(요 5:2-12)

④ 돈에 매인 자를 풀어 자유케 하시다.

딤전 6:10, 돈을 사랑함이 일만 악의 뿌리가 되나니 이것을 탐내는 자들은 미혹을 받아 믿음에서 떠나 많은 근심으로써 자기를 찔렀도다

돈에서 자유를 얻으려면 예수님을 바로 믿고 자족하기를 배우고 있는 것으로 감사해야 한다.

⑤ 도박에 매이고, 술에 매이고, 담배 , 마약, 음란, 향락에 매인 자도 예수님을 만나면 다 풀어 자유를 얻을 수 있다.

예수님은 "가난한 자에게 복음을 포로 된 자에게 자유를 눈먼 자에게 다시 보게 함을 전파하며 눌린 자를 자유롭게(눅 4:18) 하신다.

3. 주께서 쓰시겠다고 하셨다

사람이나 물건이나 누구에게 어떤 목적으로 쓰임 받느냐는 매우 중요한 문제이다. 유럽에는 유명한 경매장이 있다. 경매 되는 품목 중에는 미술품도 있고, 골동품도 있고, 다양한 물건들이 있다.

그중에 나폴레옹 프랑스 황제가 사용하였던 숟가락, 베개 심지어 잠옷까지도 등장하고 매우 고가로 입찰된다. 왜 그럴까? 유명한 사람이 사용하였던 유품이요 역사적인 값까지 계산이 되어 고가로 매매된다.

같은 요리사 자격을 소지한 자인데 청와대 요리사, 힐튼호텔 요리사, 신라호텔 요리사는 특급 대우를 받는다. 문제는 누구에게 쓰임 받느냐 그 분의 신분, 직책 위상에 따라 쓰임 받는 자의 대우도 달라진다.

사람도, 물건도 누가 쓰느냐에 따라 가치가 달라진다. 정치인들 줄서기에 따라 자신의 위상이 좌우된다. 우리 성도는 예수님에게 와서 쓰임 받아야 한다. 예수님이 쓰시면 존귀한 신분으로 상승한다. 마귀의 자식이 하나님의 자녀로 승격된다. 지옥 갈 백성이 영생복락 천국에 간다. 아저씨, 아주머니도 예수 잘 믿고 세례 받고 믿음이 좋으면 집사님, 권사님, 장로님이 될 수 있다. 하나님께 소명 받아 신학공부를 하면 목사님도 되고, 선교사로 사역을 하게 된다.

예수님 고난의 한 주간

누가복음 19:28-44

I. 고난주간의 의미를 생각해 보자.

오늘 주일을 종려주일이라고 하는데 예수님께서 나귀 새끼를 타시고 예루살렘으로 입성하실 때 제자들은 겉옷을 벗어 나귀 등에 안장 삼고 타게 하시고 수많은 군중들은 종려나무가지를 들고 환호하였다.(요 12:13) 이 날을 종려주일(Palm Sunday)이라고 한다.

> 눅 19:38, 찬송하리로다 주의 이름으로 오시는 왕이여 하늘에는 평화요 가장 높은 곳에는 영광이로다

> 마 21:9, 호산나 다윗의 자손이여 찬송하리로다. 주의 이름으로 오시는 이여 가장 높은 곳에서 호산나하더라

호산나는 '우리를 구원하소서'(시 118:25)라는 뜻이다. 예수님은 성 가까이 오시자, 성을 바라보시고 우셨다.(눅 19:11) 예루살렘 성벽이 후일에 돌 하나도 돌 위에 남아있지 않고 다 허물어질 것을 아시고 애국의 눈물을 흘리신 것이다.(눅 19:41-14)

군중들의 호산나, 환영하는 소리는 며칠 후 십자가에 못 박으소서 저주의 소리로 바뀌어 지리라는 것도 예수님은 아셨다. 종려주일로 시삭해서 한 주간 동안 예수님의 삶은 시한부 인생을 사신 것이다. 금요일 십자가에 죽으시고 토요일 무덤에 장사지내신 바 되셨다가 주일 새벽에 부활하셨다.

우리는 이 주간 주님의 고난주간이라고 하는 것이다.

2. 예수님은 만왕의 왕이심을 선포하는 한 주간이었다

예수님의 생애를 크게 두 부분으로 나눈다. 성령으로 마리아의 몸을 빌려 탄생하시고 30년 동안 부모와 형제들을 위해 효도하는 삶(눅 3:23), 공생애 3년간의 활동이다. 예수님의 공생애 삶은 기사와 이적을 베푸시며 천국복음을 전도하신 기간이었다.

기사와 이적을 베푸시는 모습을 본 군중들은 예수님을 왕으로 메시아로 모시려고 하였다. 그때 예수님은 무리를 떠나 한적한 곳으로 피하셨다. 야고보와 요한 형제도 예수님이 왕이 되면 높은 자리에 앉으려고 부탁한 일도 있었다. 그때마다 예수님은 섬기려 왔다고 하셨다. 그러시던 예수님은 자신이 만왕의 왕이심을 선포하셨다.

> 슥 9:9, 시온의 딸아 크게 기뻐할지어다 예루살렘의 딸아 즐거이 부를 지어다 보라 네 왕이 네게 임하나니 그는 공의로우며 구원을 베풀며 겸손하여서 나귀를 타나니 나귀의 작은 것 곧 나귀새끼니라

빌라도가 법정 심문에서 "네가 유대인의 왕이냐"(마 27:11) 물을 때 예수님께서 대답하시되 "네 말이 옳도다."라고 하셨다. 자신이 왕이심을 증명하셨다. 예수님은 홍포를 입으셨고, 가시면류관을 쓰셨고, 갈대를 오른손에 들리는 것은 모두 왕에게 있어야 할 물품들이다.(마 27:28-29) 십자가 죄패에는 "유대인의 왕 예수라"(마 27:37)고 써 붙였으니 왕이심을 증명하는 것이었다.

예수님께서 예루살렘에 입성하사 왕이 되심은 장차 종말에 심판의 왕으로 오실 것을 상징하는 것이기도 하다.

> 계 6:2, 흰 말이 있는데 탄 자가 활을 가졌고 면류관을 받고 나가서 이기고 또 이기려고 하더라

계 19:16, 그 옷과 그 다리에 쓴 것이 있으니 만왕의 왕이요 만주의 주
라 하였더라

어린 양 보좌가 세세토록 왕 노릇 하신다(계 22:5)고 하였다.

3. 예수님은 평화의 왕이심을 나타내셨다

시한부 인생은 죽음의 시간이 순간순간 닥쳐 오는 것에 대한 두려움이 있다고 한다. 닥쳐오는 시간들이 고통이요, 걱정이요, 근심이요, 좌절이요. 극심한 분노가 폭발한다고 한다. 왜 나에게 이런 일이 있게 되느냐고 자문자답 한다는 것이다.

그런데 예수님은 평화의 상징인 나귀새끼를 타시고 입성, 일주일 동안 평화롭게 말세의 징조를 가르치시고, 성전의 청소도 하시고, 섬기는 방법도 가르치셨다.

우리 자신이 일주일 후면 죽음이 온다고 할 때 어떤 마음 어떤 생활을 할 것인가 생각해 보시기를 바란다. 예수님처럼 일주일의 시간 밖에 없다면 내 마음의 상태는 어떠할까? 그리고 어떻게 생의 종지부를 유종의 미를 장식할까? 시한부 인생인 우리 모두 평화의 왕 예수님을 바라 보자. 주님의 온유 겸손한 마음을 가지십시다. 주님의 희생적인 사랑을 갖자. 사랑을 베풀자. 주님의 십자가는 위로는 하나님과 평화를, 사람과 사람 사이에는 사랑으로 연결고리를 만든다.

주님께서는 한 주간의 시간에 일 많은 일을 하셨다. 그리고 운명하실 때에는 "다 이루었다"라고 승리의 개가를 부르셨다.(요 19:30) 구원의 완성을 이루신 것이다.

예수님이 원하셨던 유월절과 성만찬

누가복음 22:14-20

1. 유월절은 애굽의 압제로부터 해방된 기념일이다

출애굽기 12장에 유월절을 여호와의 절기로 삼아 영원한 규례로 대대에 지킬 것을 명령하였다. 유월절 음식은 어린양 고기, 무교병과 쓴 나물이었다. 유월절 행사는 흠 없고 일 년 된 숫양이나 염소를 잡아 그 피를 집문 좌우 설주와 인방에 바르는 일을 한다.

유월절을 지키는 그 밤에 애굽 나라 백성들의 장자와 짐승의 초태생은 하나님의 진노의 칼에 모두 죽었다.(출 12:12-13) 그러나 같은 애굽 땅에 살았던 유대 민족에게는 한 사람도, 짐승의 초태생도 죽지 않았다.

> 출 12:13, 내가 애굽 땅을 칠 때에 그 피가 너희의 거하는 집에 있어서 너희를 위하여 표적이 될지라 내가 피를 볼 때에 너희를 넘어가리니 재앙이 너희에게 내려 멸하지 아니하리라

애굽에서 430년이 마치는 그날에 유대 민족은 해방이 되었다.(출 12:40-41)

2. 인류구원의 새 언약으로 성만찬이 시행되었다

> 눅 22:19, 떡을 가져 사례하시고 떼어 저희에게 주시며 가라사대 이것은 너희를 위하여 주는 내 몸이라 너희가 이를 행하여 나를 기념하라 하시고

20절, 저녁 먹은 후에 잔도 이와 같이 하여 가라사대 이 잔은 내 피로 세우는 새 언약이니 곧 너희를 위하여 붓는 것이라

성만찬은 우리 주님께서 우리를 위하여 시행하신 것이다.

3. 성경 소요리문답

(문) 168, 성찬이란 무엇인가?

(답) 성찬이란 예수 그리스도의 정명하신 바를 따라 떡과 포도즙을 주고 받음으로써 그의 죽음을 보여주는 신약의 성례이다. 성찬에 합당히 참여하는 자는 주의 살과 피를 먹고 마심으로 영적 영양이 되고, 은혜로 자라는 것이며, 주님과의 연합과 교통이 확고하여 지고 하나님께 대한 감사와 약속 같은 신비한 몸의 지체로서 서로 사랑하고 사귐을 증거하고 새롭게 하는 것이다.(눅 22:20. 마 26:26-28. 고전 11:23-26, 고전 10:16, 고전 11:24)

(문) 170, 성찬에 참여하는 사람들은 어떻게 그리스도의 살과 피를 먹는가?

(답) 그리스도의 몸과 피가 성찬 떡과 포도즙 안에 함께 혹은 밑에 육체적으로 임하지 않지만 그 떡과 포도즙 자체는 수찬자의 외적 감각 못지 않게 믿음에도 진실로 임재 한다. 그러므로 주님의 성찬에 합당히 참여하는 자들은 육체적이 아니라 영적으로 그리스도의 몸과 피를 먹고 마신다. 그러나 진실로 그들은 믿음으로 십자가에 달려 죽으신 그리스도와 그의 죽음에서 오는 모든 혜택을 받아 자신들에게 적용하는 것이다.(행 3:21, 마 26:26-28, 고전 11:24-29; 10:16)

(문) 171, 성찬의 성례를 받고자 하는 사람들은 성찬에 참여하기 전에 어떠한 준비를 하여야 하는가?

(답) 성찬의 성례를 받고자 하는 사람들은 성찬에 참여하기 전에 이에 대한 준비를 해야 한다. 곧 자신들이 그리스도 안에 있는가를 자신들의 죄와 부족을, 자신들의 지식, 믿음. 회개, 하나님과 형제들에게 대한 사랑 모든 사람에게 대한 자선 그들에게 해를 준 사람들에게 용서를 그들의 그리스도를 추구하는 욕망을 그들의 새로운 순종을 검토함으로써 이 은혜들의 운용을 새롭게 함으로써 심각하게 묵상하고 열렬히 기도함으로써 성찬을 준비해야 할 것이다.(고전 11:28, 고후 13:5, 출 12:15. 스 12:10, 행 2:46-47, 히 10:21-24)

(문) 177, 세례와 성찬의 성례들이 어떤 점에서 다른가?
(답) 세례와 성찬의 성례들이 다른 것은 세례는 우리의 거듭남과 그리스도께 접붙임 됨의 표와 보증으로 물로 시행되며 심지어 어린아이에게 까지 단 한번만 시행되는 반면에 성찬은 떡과 포도즙으로 자주 시행 되며, 신령한 영혼의 양식이 되시는 그리스도를 표시하고 나타내며 우리가 그 안에 계속하여 거하고 자라남을 확인하기 위함인데 자신을 검토할 수 있는 연령과 능력에 이른 사람들에게만 시행되는 점에서 다른 것이다. (마 3:11. 딛 3:5. 갈 3:27; 7:14. 고전 11:23-26)

4. 세례와 성찬성찬은 세례 받은 자들이 참여할 수 있다

그러므로 신앙생활을 지속하기 위해서 꼭 세례를 받아야 한다. 혹 세례 받지 않아도 예수만 잘 믿으면 되지 무엇 때문에 세례를 받아야 하는가라고 생각 할 수 있다. 물세례를 꼭 받아야 할 것을 성경이 지시해 주셨다.

> 롬 6:3-5, 무릇 그리스도 예수와 합하여 세례를 받은 우리는 그의 죽으심과 합하여 세례 받은 줄을 알지 못하고 그러므로 우리가 그의 죽으심과 합하여 세례를 받음으로 그와 함께 장사 되었나니 이는 아버

지의 영광으로 말미암아 그리스도를 죽은 자 가운데서 살리심과 같이 우리로 또한 새 생명 가운데서 행하게 하려 함이니라 만일 우리가 그의 죽으심을 본받아 연합한 자가 되었으면 또한 그의 부활을 본받아 연합한 자가 되리라

물세례를 꼭 받아야 할 이유를 알아두자.

① 우리의 구주 예수님께서 받으신 세례이다.(마 3:13-17)

② 예수님께서 우리를 향하여 세례 받으라 하셨다.(마 28:19)
세례를 받음으로써 지난 죄는 사함 받고 예수 그리스도를 생명의 구주로 믿는 자인 것을 증명하는 증표가 된다.

③ 세례를 받음으로 그리스도와 완전히 연합하였다는 표가 된다.
만약 세례를 고의적으로 안 받으면 필경 예수님과 연합하는 것을 거절하는 것이 되고, 예수님의 몸 된 교회 공동체 회원이 되지 않는다. 마침내 천국에도 가지 못하게 되는 불행을 자초하게 된다.
세례 받을 기회가 없었거나 세례 주실 목사님이 없어서 못 받는 것은 할 수 없는 일이나 고의적으로 세례를 피하는 것은 교만이요 큰 잘못이다. 세례가 얼마나 중요하냐 하면 임종 직전에 있는 자도 예수 믿기로 고백하면 당회 결의로 병상세례를 베푼다.

주님과 함께 떡과 잔을

누가복음 22:14-20

I. 예수님과 함께 떡과 잔을 먹으면 지옥의 죽음을 면하게 된다

눅 22:14-16, 때가 이르매 예수께서 사도들과 함께 앉으사 이르시되 내가 고난을 받기 전에 너희와 함께 이 유월절 먹기를 원하고 원하였노라 내가 너희에게 이르노니 이 유월절이 하나님의 나라에서 이루기까지 다시 먹지 아니하리라 하시고

"내가 고난을 받기 전에 너희와 함께 이 유월절 먹기를 원하고 원하였노라"고 주님께서 말씀하셨다. 주님께서 말씀하신 고난은 십자가의 죽으심을 뜻하였다. 주님의 십자가의 죽으심은 유월절 절기를 지킬 때 어린 양을 잡아 그 피를 문인 방과 문설주에 바르고 유월절 양고기를 먹으며 장자의 죽음을 면하게 된 이스라엘 백성들의 구원 받은 출애굽사건과 관계가 있는 것이다.

고전 5:7, 우리의 유월절 양 곧 그리스도께서 희생되셨느니라

요 1:29, 보라 세상 죄를 지고 가는 하나님의 어린 양이로다

출 12:6-11, 해 질 때에 이스라엘 회중이 그 양을 잡고 그 피를 양을 먹을 집 좌우 문설주와 인방에 바르고 그 밤에 그 고기를 불에 구워 무교병과 쓴 나물과 아울러 먹되 날것으로나 물에 삶아 서 먹지 말고 머리와 다리와 내장을 다 불에 구워 먹고 아침까지 남겨두지 말며 아침까지 남은 것은 곧 불사르라 이것이 여호와의 유월절이니라

출 12.28, 이스라엘 자손이 물러가서 그대로 행하되 여호와께서 모세와 아론에게 명령하신 대로 행하니라

오늘, 우리가 세례 받고 성찬에 참석한 하나님의 백성은 한 사람도 영원한 죽음인 지옥에 떨어 자는 사람이 없게 된다. 예수님과 함께 떡과 잔을 먹은 예수님의 공동체는 하늘에서 내려온 살아있는 떡 예수님을 먹고 예수님의 피를 마셨기 때문이다.

요 6:51, 나는 하늘에서 내려 온 살아 있는 떡이니 사람이 이 떡을 먹으면 영생하리라 내가 줄 떡은 곧 세상의 생명을 위한 내 살이니라

요 6:40, 내 아버지의 뜻은 아들(예수님)을 보고 믿는 자마다 영생을 얻는 이것이니 마지막 날에 내가 이를 다시 살리리라 하시니라

2. 떡과 잔을 먹음은 우리의 죄가 깨끗해지고 참 자유를 얻는 복이다

세례의 뜻은 "죄를 씻는다"는 것이다. 세례는 자신이 죄인임을 고백하고 예수님을 자신의 구주이심을 시인하므로 그리스도와 하나로 연합이 된 표식으로 세례를 받는 것이다.

세례를 받은 자는 그리스도인의 공동체 한 몸 연합체가 된다. 죄 씻음을 받고 중생한 기쁨이 있게 된다. 예수님과 함께 한 식탁에서 떡과 잔을 먹게 된 것이다. 예수님은 말씀하셨다.

눅 22:19, 떡을 가져 감사 기도 하시고 떼어 그들에게 주시며 이르시되 이것은 너희를 위하여는 내 몸(주님)이라 너희가 이를 행하여 나를 기념하라 하시고

20절, 잔도 그와 같이 하여 이르시되 이 잔은 내 피로 세우는 새 언약이니 곧 너희를 위하여 붓는 것이라

새 언약이란 단어에 주의를 집중하자. 언약은 맹세, 서약, 확약' 배신하거나 배반하면 절대로 안 된다는 뜻이다. 예수님을 믿기로 작정하여 학습, 세

례까지 받고 성찬음식도 함께 먹으며 언약을 하였는데 예수를 배반하고 배신하면 축복을 받지 못한다. 예수님 제자 중 가롯 유다 같은 사람이 되고 말 것이다.

3. 천국에서 만왕의 왕 예수님과 함께 떡과 잔을 함께 먹는 복이다

예수님은 "너희로 내 나라에 있어 내 상에서 먹고 마시 며 또는 보좌에 앉아 이스라엘 열두 지파를 다스리게 하려 하노라."(눅 22:30)고 하셨다.

예수님은 그 증거로 부활하신 후에, 디베랴 호숫가에 나타나셔서 제자들로 물고기 153마리 잡게 하셨고(요 21:11) 숯불에 생선과 떡을 구어 굶주린 제자들에게 나누어주시면서 함께 식사를 하시고, 새로운 사명을 주셨다.(요 21:10-23)

지금, 우리가 먹는 떡과 잔은 후일 천국에서 만왕의 왕 되신 예수님과 함께 성찬을 먹는 연습이 된다.

넷째 묶음

은혜와 진리가 충만한 성도의 삶 _요 1:12-14
예수님을 만나기 _요 1:12-13
은혜와 진리가 충만한 교회 _요 1:14
와 보라! _요 1:43-51
예수님은 하나님께로서 오신 선생님이시다 _요 3:1-21
구원에 이르는 길 _요 3:15-16
선한 일을 많이 하자 _요 5:24-29
구원의 복을 받은 자 _요 5:24
예수님은 생명의 떡이다 _요 6:32-40
3·1 운동은 자유를 얻기 위한 진리운동 _요 8:31-36
세족식과 성만찬 _요 13:3-17, 막 14:22-26
헌신봉사의 모델 예수님 _요 13:1-17
예수님의 거룩한 습관 섬김을 본받자 _요 13:12:-17
예비해 주신 영원한 처소에 들어갑시다 _요 14:1-6
나는 주님의 제자 _요 15:8
부활의 기쁨과 축복 _요 20:26-31
주님을 얼마나 더 사랑하십니까? _요 21:15-23

은혜와 진리가 충만한 성도의 삶

요한복음 1:12-14

I. 하나님의 은혜에 감사드리자

한 해, 다사다난한 사건사고들이 국내외적으로 많이 있었지만 본 교회와 성도의 가정이 안정 되게 지나온 것은 하나님의 은혜이다.

> 요3서2, 사랑하는 자여 네 영혼이 잘됨 같이 네가 범사에 잘되고 강건하기를 내가 간구하노라

하나님은 하나님의 백성들에게 은혜를 베풀어 주시기를 좋아하신다. 하나님은 모세에게 축복할 것을 지시하셨다. "여호와께서 모세에게 말씀하여 이르시되 아론과 그의 아들들에게 말하여 이르기를 이렇게 축복하여 이르되 여호와는 네게 복을 주시고 너를 지키시기를 원하며 여호와는 그의 얼굴을 네게 비추사 은혜 베푸시기를 원하며 여호와는 그 얼굴을 네게로 향하여 드사 평강 주시기를 원하노라 할지니라 하라 그들은 이같이 내 이름으로 이스라엘 자손에게 축복할지니 내가 그들에게 복을 주리라."(민 6:22-27)

목회자는 성도들의 영혼이 잘 되기를 중보기도 한다. 대 예배 시 장로님들도 성도들이 축복받기를 중보기도 한다. 주의 종들의 기도하는 것을 하나님이 들으시고 복을 내려주신다. 복 주는 분은 하나님이시다. 은혜를 베푸시는 분이 하나님이시다.

인생은 하나님을 떠나서는 살 수 없다. 한 해의 마지막 주일을 보내면서 하

나님의 은혜를 감사하자.

2, 하나님께 잘못한 것은 회개하여야 한다

복 주시기를 좋아하시고 은혜를 베푸시기를 좋아하시는 하나님께서 싫어하시는 것 있으시다.

① 하나님은 죄짓는 것을 싫어하신다.

하나님은 에덴동산에 아담과 하와가 행복하게 살도록 좋은 환경 좋은 장소, 좋은 조건에서 살도록 은혜를 베풀어 주셨다. 그러나 "선악을 알게 하는 나무의 열매는 먹지 말라 네가 먹는 날에는 반드시 죽으리라" 하셨다.(창 2:17)

아담과 하와는 뱀의 유혹에 넘어가 선악과를 따서 먹었다. 공의의 하나님은 아담과 하와를 동산에서 쫓아내셨다.

> 창 3:24, 하나님이 그 사람을 쫓아내시고 동산 동쪽에 그룹들과 두루 도는 불 칼을 두어 생명나무의 길을 지키게 하시니라

② 하나님은 도적질하는 것을 싫어하신다.

십계명은 우리 성도들이 지켜야 할 기본 규칙이다.

> 출 20:1-17을 찾아서 함께 읽어 보기로 하자. 말라기 선지자는 십계명을 원천적으로 잘 지키는 자에게 지적하여 깨우쳐 주는 메시지가 있다.(말 3:7-10)
>
> 말 3:8, 사람이 어찌 하나님의 것을 도둑질하겠느냐 그러나 너희는 나의 것을 도둑질하고도 말하기를 우리가 어떻게 주의 것을 도둑질하였나이까 하는도다 이는 곧 십일조와 봉헌물이라
>
> 9절, 너희 곧 온 나라가 나의 것을 도둑질 하였으므로 너희가 저주를

받았느니라

책망하시면서 십일조 할 것을 명령하셨다. 우리 중에 누구라도 십일조를 드리시지 않으셨다면 회개하셔야 한다. 사람의 눈은 속일 수 있어도 하나님은 속일 수 없다. 천국에 들어가지 못하는 자는 회개하지 않았기 때문이다.(계 16:9, 11) 예수님은 어떤 죄도 십자가 보혈로 깨끗이 씻어 정결케 하신다.(히 9:14)

우리나라가 잘 되려면 정직한 사회, 범죄가 없는 사회가 되어야 한다.

> 잠 6:10-19, 여호와께서 미워하시는 것 곧 그의 마음에 싫어하시는 것이 예닐곱 가지이니 곧 교만한 눈과 거짓된 혀와 무죄한 자의 피를 흘리는 손과 악한 계교를 꾀하는 마음과 빨리 악으로 달려가는 발과 거짓을 말하는 망령된 증인과 및 형제 사이를 이간하는 자이니라

③ 회개하자.

사도 바울은 자신이 예수 믿고 난 후 고백하기를, "내가 전에는 비방자요 박해자요 폭행자요 죄인 중에 내가 괴수니라."(딤전 1:13-15)고 하였다. 그러나 그는 회개한 후에 새 사람이 되었다.

> 고후 5:17, 그런즉 누구든지 그리스도 안에 있으면 새로운 피조물이라 이전 것은 지나갔으니 보라 새 것이 되었도다

예수님을 만나기

요한복음 1:12-13

예수님을 만나면 새 사람으로 변화 받는다.
지구의 기후가 온난화 현상으로 변하고 있으며, 장마전선도 옛날 장마와는 다르게 국지성 소나기로 변하였다. 그러나 변화되지 않는 것이 있으니 그것은 예수님의 복음, 곧 진리의 말씀이다.

　히 13:8, 예수 그리스도는 어제나 오늘이나 영원토록 동일하시니라

세상의 모든 것은 나쁘게 변화되고 있으나 예수님을 만나면 좋은 변화가 된다는 말씀이다. 어제나 오늘이나 영원토록 동일하신 진리의 말씀은 사람을 새롭게 새 사람으로 변화시키신다.

　엡 4:24, 하나님을 따라 의와 진리의 거룩함으로 지으심을 받은 새 사람을 입으라

사람이 복되게 살려면 만나기를 잘 해야 한다. 예수님을 만나 새로운 사람으로 변화된 사람의 생애를 묵상하고, 나의 삶에 적용하기를 원한다.

1. 행 3:1-10

성전 미문에 40세 된 나면서 앉은뱅이 된 장애인이 예수의 복음을 증거하는 베드로와 요한을 만났다. 구걸하는 앉은뱅이에게 베드로는 "은과 금은 내게 없거니와 내게 있는 것으로 네게 주노니 곧 나사렛 예수 그리스도의

이름으로 걸으라 하고 오른손을 잡아 일으키니 발과 발목에 힘을 얻고 뛰어 서서 걸으며 그들과 함께 성전으로 들어가면서 걷기고 하고 뛰기도 하며 하나님을 찬미하였다. 앉은뱅이는 예수님을 만나 고침을 받은 새 사람이 되었다.

2. 행 9:1-6

핍박자 사울이라는 폭행자가 군졸을 데리고 다메섹에 있는 예수님의 제자들을 체포, 결박하려고 출동하였다가 예수님을 만나고 전도자로 변화 새 사람이 되었다.

> 행 9:4-5, 사울아 사울아 네가 어찌하여 나를 박해하느냐 하시거늘 대답하되 주여 누구시니이까 이르시되 나는 네가 박해하는 예수라 네가 일어나 시내로 들어가라 네가 행할 것을 네게 이를 자가 있느니라

이후에, 그는 전도자가 되어 세계를 향하는 선교사가 되었다. 그는 성경의 정경으로 채택된 것을 무려 13권이나 기록하였다. 예수님을 만나면 새 사람으로 변화된다.

육신의 병든 자는 고침을 받았다. 마태, 마가, 누가, 요한 사복음서에는 예수님의 행적과 가르쳐 주신 말씀이 기록된 성경이다. 예수 만나면 만병의 의원이 되신 예수님 모든 병을 고쳐 주셨다.

> 마 9:12, 건강한 자에게는 의사가 쓸 데 없고 병든 자에게라야 쓸 데 있느니라

3. 마 4:18-21

평생을 고기 잡는 직업을 가진 어부 베드로, 안드레, 야고보 요한은 예수님 만나고서 예수의 제자가 되었다.

마 4:19, 나를 따라오라 내가 너희로 사람을 낚는 어부 가 되게 하리라

예수를 잘 믿는 부자가 하루는 4명의 종들을 불러 놓고 선물을 주기로 하였다. 20달러의 현금과 성경책 중에 자유롭게 선택하는 것이었다.
첫 번째 종은, "저는 성경책을 가지고 싶지만 글을 모릅니다. 그러므로 20달러 돈을 주십시오." 라고 하여 돈을 받았다.
두 번째 종은 지금 가족 중에 병자가 있어 마침 돈이 필요하던 중이었다. 그래서 그도 20달러 돈을 받았다.
세 번째 종은, "저는 바쁜 일이 많아서 성경을 읽을 시간이 없습니다." 그리고 20달러 돈을 받았다.
네 번째 종은 나이가 어린 청년이었다. 그는 성경책을 선택하면서 "제 어머니가 예수님을 만나려면 성경을 보아라. 성경 속에 예수님 만나면 수천 개의 금화보다 훨씬 낫다고 하셨다."라고 하며 돈보다 성경책을 선택하였다. 그러자, 돈을 먼저 받은 종들이 비웃었다. "저런 바보가 어디 있나, 성경은 5달러만 주어도 살 수 있는데, 20달러면 성경 몇 권을 살 수 있는데."
그런데 성경을 택한 어린 종이 성경 겉장을 넘기는 순간에, 그 속에는 금화와 수표책이 들어 있었다. 이를 본 3명의 종들은 가슴을 치며 후회하였다.

하나님의 말씀, 성경은 예수님을 만나도록 하는 보화이다.

요 5:39, 너희가 성경에서 영생을 얻는 줄 생각하고 성경을 연구하거니와 이 성경이 곧 내게 대하여 증언하는 것이니라

은혜와 진리가 충만한 교회

요한복음 1:14

1, 은혜는 무엇인가?

은혜는 고맙게 베풀어 주는 신세나 혜택이다. 구약 히브리어에서는 '헤세드'라 하고, 뜻은 하나님의 구원이다.

> 시 106:4-5, 여호와여 주의 백성에게 베푸시는 은혜로 나를 기억하시며 주의 구원으로 나를 돌보사 내가 주 형통함을 보고 주의 나라의 기쁨을 나누어 가지게 하사 주의 유산을 자랑하게 하소서

하나님의 축복 은사들(출 20:6, 신 5 10)을 가리킨다.

하나님의 용서하심(시 85:1, 사 61:2)이다.

보호 · 안위하심을 말한다.(시 5:12, 사 33:2, 렘 31:2)

신약 헬라어에서는 카리스로 그 뜻은 하나님의 은혜라고 해석된다.

하나님의 은혜는 개개인에게 축복, 사명, 몫을 뜻한다.

> 엡 3:7, 이 복음을 위하여 그의 능력이 역사 하시는 대로 내게 주신 하나님의 은혜의 선물을 따라 내가 일꾼이 되었노라

예수 그리스도의 은혜란 뜻이다.

- 예수님의 은혜는 예수님의 십자가에 못 박히시고 피 흘리심이다.

> 엡 1:7, 우리는 그리스도 안에서 그의 은혜의 풍성함을 따라 그의 피로 말미암아 속량 곧 죄사함을 받았느니라

- 예수 부활하심이다.

딛 3:7, 우리로 그의 은혜를 힘입어 의롭다 하심을 얻어 영생의 소망을 따라 상속자가 되게 하려 하심이니라

- 예수 이름을 힘입어 구원하심이다.

살후 1:12, 우리 하나님과 주 예수 그리스도의 은혜 대로 우리 주 예수의 이름이 너희 가운데서 영광을 받으시고 너희도 그 안에서 영생을 받게 하려 하심이라

은혜와 평강을 기원하는 인사말로 사용한다. 성경: 고전 13, 고후 1:2, 갈 1:3, 엡 1:2, 빌 1:2, 살후 1:2. 딤전 1:2, 딤후 1:2, 딛 1:4, 몬 1:3, 요이 13절 등 사도 바울의 서신에 은혜란 단어가 101회 나온다. 은혜는 거저 주시는, 풍성하게 넘치도록 아낌없이 주시는 하나님의 선물이다.

2. 진리는 무엇인가?

진리는 참된 이치, 참된 도리를 말한다.

구약에서는 에메트라고 하는데, 그 뜻은 확신한다, 변함이 없다, 진실하다, 말씀, 계명 등을 가리킨다. 진실하신 분은 하나님이시다. 하나님의 말씀이 진리이다.(시 119:142)

신약에서는 알레테이아라고 하는데, 그 뜻은 진리, 진실이란 말이다. 진리 되시는 분은 예수님이시다.(요 5:33, 14:16) 진리는 육체로 오신 예수님을 가리키신 말씀이다.(요 8: 32, 16:13) 진리는 성령을 가리키기도 한다. 성령을 진리의 영이라 하였다.(요 14:17) 진리는 하늘로부터 온 모든 신령한 지혜와 계시와 지식이다.(요일 4:6, 약 3:14) 진리는 하나님의 말씀, 즉 예수 그리스도의 교훈, 기록된 말씀이다.

3. 은혜와 진리가 충만한 교회는 복을 받은 교회이다

초대 예루살렘교회는 오순절 성령 충만 받은 주의 사도들과 120문도에 의

해서 크게 부흥하였다. '성령 충만 받았다'함은 곧 은혜와 진리가 충만 하였다는 것과 같은 맥락이다 성령 충만 받은 것이 하나님의 은혜 이다.

행 8:9-24을 보면 빌립 집사의 전도로 사마리아 성에 성도의 수가 많아 크게 부흥이 되었다. 그곳에 마술사 사몬이라는 사람도 전도 받고 신자가 되었다. 베드로와 요한이 사마리아 성으로 갔다. 성도들에게 안수하였더니 성령을 받는지라 시몬 마술사가 돈을 가져와서 나에게 안수하여 성령을 받게 해 달라고 하였다.

이때, 베드로가 호통을 쳤다.

> 행 8:20-22, 네가 하나님의 선물을 돈 주고 살 줄로 생각하였으니 네 은과 함께 망할 지어다. 하나님 앞에서 네 마음이 바르지 못하니 이 도에는 네가 관계도 없고 분깃도 될 것도 없느니라 그러므로 너의 이 악함을 회개하고 주께 기도하라

예루살렘 교회는 은혜와 진리가 충만한 120문도로 인하여 날마다 교회가 부흥하였다(행 2:47)

와 보라!

요한복음 1:43-51

1, 빌립은 예수님을 먼저 보고, 믿고, 예수님의 제자가 되었다

빌립의 이름의 뜻은 '말을 사랑 하는 자'라는 의미이다. 그는 예수님 열두 제자 중 한 사람이다.(마 10:3, 빌립과 바돌로매, 도마와 세리, 마태) 고향은 갈릴리 바다 벳새다 사람이다. 베드로와 안드레와 동향인이었다.

빌립은 예수님께서 오병이어의 기적을 베푸실 때, 예수님께 "각 사람으로 조금씩 받게 할지라도 이백 데나리온의 떡이 부족하리이다."(요 6:7)라고 대답하였다. 빌립은 건전한 이해력이 있는 사람이다.

> 요 1:45, 빌립이 나다나엘을 찾아 이르되 모세가 율법에 기록하였고 여러 선지자가 기록한 그이를 우리가 만났으니 요셉의 아들 나사렛 예수니라

빌립은 예수를 보기 원하는 헬라인 몇 명의 소식을 안드레와 더불어 예수님께 전해주었다.(요 12:22)

빌립은 하나님을 보여 달라고 간청하여 예수님께로부터 중요한 말씀을 전하게 하였다.

> 요 14:8, 빌립이 가로되 주여 아버지를 우리에게 보여 주옵소서 그리하면 족하겠나이다

> 9절, 예수께서 가라사대 빌립아 내가 이렇게 오래 너희와 함께 있으되 네가 나를 알지 못하느냐 나를 본 자는 아버지를 보았거늘 어찌하여

아버지를 보이라 하느냐

21절까지 계속 예수님의 말씀이 이어졌다. 빌립은 예수님을 만나자 예수님을 쫓아가서 예수님의 제자가 된 것이다. 오늘, 우리가 빌립처럼 예수님의 제자가 된 기쁨이 있으시기를 축원한다.

2. 나다나엘은 빌립의 전도로 예수님을 구세주로 고백하였다
나다나엘이란 이름의 뜻은 '하나님께서 주신 배'라는 의미이다. 나다나엘의 다른 이름은 바돌로매이다. 빌립, 바돌로매가 나란히 예수님의 열두 제자로 등장하고 있다.(마 10:3)
나다나엘은 갈릴리 가나 사람이었는데 빌립이 전하는 전도의 말 "와 보라"는 말을 받아 실천에 옮긴 행동파 사람이다.
예수님께서는 나다나엘을 보자, 한 마디를 하셨다.

요 1:47, 보라 이는 참 이스라엘 사람이라 그 속에 간사한 것이 없도다

이에, 나다나엘이 궁금하였다. "어떻게 나를 아시나이까"라고 예수님께 반문하였다. 예수님께서 대답하셨다.

요 1:48, 빌립이 너를 부르기 전에 네가 무화과나무 아래 있을 때 보았노라,

무화과나무 아래서 무엇을 하였을까? 나다나엘은 전도자 빌립의 말을 듣고 사색에 잠겨 있었을 것이다. 모세의 율법과 선지자들의 예언은 메시아 탄생을 기록한 것이다. 그 메시야가 오셨다니 한번 만나 보아야 하겠다. 빌립이 '와 보라'고 하였는데 예수님께 가서 한번 만나 보아야 하겠다는 생각을 하였을 것이다. 자신의 생각을 아시는 예수님을 만나보자 그에게 믿음이 생겼다.

요 1:49, 나다나엘이 대답하되 랍비여 당신은 하나님의 아들이시요 당

신은 이스라엘의 임금이로소이다

나다나엘의 이 고백은 마 16:16의 베드로의 고백과 동일한 고백이다.

마 16:16, 시몬 베드로가 대답하여 가로되 주는 그리스도시요 살아계신 하나님의 아들이시니이다

나다나엘은 예수님께서 부활 후 갈릴리에 나타나셨을 때, 베드로와 함께 있었음을 증명하고 있다.

3. '와 보라'는 전도방법

우리도 활용하자. 빌립은 따지기를 좋아하는 나다나엘에게 여러 말 하지 않았다. 예수님을 소개하고, 예수님을 만난 사실을 증거 한 후, 나사렛에서 무슨 선한 것이 날 수 있느냐(요 1:46)라고 하는 나다나엘에게 '와 보라', 와서 예수를 만나 보라는 간단한 전도방법을 사용하였다.

전도할 때 바른 지식을 갖고 사용하는 것이 매우 중요하다. 여러 가지 논증도 필요하다. 전도는 힘으로 되지 않는다.(슥 4:6) 빌립은 지혜로운 전도자였다. 나다나엘로 직접 예수를 만나 확인케 하였다.

우리는 전도하기를 원한다. 내 방법, 수단, 지식도 필요하다. 그러나 우리가 아는 예수, 내가 믿는 예수를 충분히 설명하여 설득하기가 쉽지 않다. 성경이 가르쳐 주는 방법을 사용하자. 예수님께 '와 보라,' 예수님을 만나 보려고 하면 우리 조치원교회를 한번 "와 보라"고 전도하자. 성령님이 함께 하시면 교회 한번 와서 예배 시간에 참석하였다가 예수를 만나게 될 줄로 믿는다. 내가 만난 예수를 간단하게 소개하고, 나도 교회에서 예수님을 만났다. "와 보라"라고 전하는 전도자가 되자.

예수님은 하나님께로서 오신 선생님이시다

요한복음 3:1-21

니고데모는 예수님보다 나이도 많고 지위도 높았다.(요 3:1) 니고데모는 바리새인이었다. 바리새인은 당시에, 율법에 능통한 자들이다. 그는 산헤드린 공회원, 유대인의 관원이며 부자였다.(요 3:2; 19:39) 이스라엘의 선생이었다.(3:10)

1. 하나님 나라에 들어가는 길은 중생(거듭남)하라

니고데모는 하나님 나라에 들어가는 구원의 길을 몰랐다. 그는 밤에 예수님을 찾아 갔다.

> 요 3:2, 랍비여 우리가 당신은 하나님께로부터 오신 선생인줄 아나이다 하나님이 함께 하시지 아니하시면 당신이 행하시는 이 표적을 아무도 할 수 없음이니이다

니고데모는 겸손한 사람이었다. 자신이 배우고 경험한 학문과 지식으로는 구원의 길, 천국 가는 길을 알 수가 없었던 것이다. 예수님은 하나님께로서 오신 선생님이시어서 그에게 구원의 길을 정확하게 가르쳐 주셨다.

> 요 3:3, 진실로 진실로 네게 이르노니 사람이 물과 성령으로 나지 아니하면 하나님의 나라에 들어 갈 수 없느니라

거듭남, 중생은 다시 태어남, 새로 지음 받음, 새롭게 됨, 재건됨이라는 뜻이다. 중생은 생물학적 의미가 아닌 영적 의미이다. 사람은 하나님의 형상

으로 지음 받았다.

> 창 1:27, 하나님이 자기 형상 곧 하나님의 형상대로 사람을 창조하시되 남자와 여자로 창조하시고

그런데 인류의 조상 아담과 하와가 하나님의 명령하신 선악과를 따먹고 타락하여(창 3:1-24) 영혼이 죽고, 육체가 죽게 된 것이다.

중생은 죽은 영혼이 예수를 믿고 성령의 감동으로 죄를 회개하면 영혼이 다시 살아나는 것이다.

2. 하나님의 아들 독생자 예수를 믿어라

> 요 3:16, 하나님이 세상을 이처럼 사랑하사 독생자를 주셨으니 그를 믿는 자 마다 멸망하지 않고 영생을 얻게 하려 하심이라

영생을 얻는 방법을 예수님께서 가르쳐 주셨다. 예수님은 영생을 얻는 방법을, 영생을 얻는 길을 밝히 가르쳐 주신 하나님께로부터 오신 선생님이시다.

3. 예수님은 복 받는 길도 가르쳐주셨다

마 5:1-12에서 팔복을 가르쳐주셨다.

요 13:1-20, 유월절 만찬을 잡수신 후 제자들의 발을 씻어 주시면서,

> 14절, 내가 주와 또는 선생이 되어 너희 발을 씻었으니 너희도 서로 발을 씻어 주는 것이 옳으니라

> 17절, 너희가 이것을 알고 행하면 복이 있으리라

섬기는 방법을 가르쳐 주셨다. 마태, 마가, 누가, 요한의 사복음서에는 모두 예수 선생님의 가르치심이 기록되어 있다. 열심히 읽고, 쓰기도 하고, 묵상하여 예수님의 제자가 다 되자.

중생은 파괴된 영혼이 살아나므로 하나님의 형상이 회복된다.

- 하나님을 경외하게 되고,
- 하나님 나라를 사모하며 살게 되고,
- 하나님의 말씀에 순종하게 된다.

성령으로 거듭난 사람은 성령을 따라 살게 되고, 성령의 열매 맺는 삶을 살게 된다.

> 갈 5:22, 오직 성령의 열매는 사랑과 희락과 화평과 오래 참음과 자비와 양선과 충성과 온유와 절제니 이 같은 것을 금지할 법이 없느니라

구원에 이르는 길

요한복음 3:15-16

1. 하나님을 믿어야 한다

> 히 11:6, 믿음이 없이는 하나님을 기쁘시게 하지 못하나니 하나님께 나아가는 자는 반드시 그가 계신 것과 또한 그가 자기를 찾는 자들에게 상주시는 이심을 믿어야 할지니라

하나님은 천지만물의 창조자이시다.(창 1:1) 하나님은 우리 인생을 창조하셨다. 남자와 여자로 창조하셨고, 복을 주어 생육하고 번성하여 땅에 충만하여 땅을 정복하고 다스리는 권세를 주셨다.(창 1:27-28)

2. 사람은 하나님 앞에서 죄인이 되었다

최초의 인간, 인류의 조상 아담과 하와가 하나님의 명령을 불순종하여 죄를 지었다. 성경은 범죄하지 않는 자가 하나도 없다고 선언한다.(왕상 8:46) 사람의 마음에는 교만, 자랑, 시기, 음란, 질투, 탐욕, 게으름, 혈기, 거짓말, 간사(말쟁이) 죄의 요소가 있다.(막 7:20-23)

3. 죄인에게는 죽어서 가는 곳이 있다.

죄의 삯은 사망이라 하였다.(롬 6:23) 죽음에는 육신의 죽음과 영적인 사망이 있다. 영적인 죽음은 하나님과 분리된 상태를 가리킨다. 영원한 사망이다. 지옥에서의 삶이다.

막 9:48-49, 거기에서는 구더기도 죽지 않고 불도 꺼지지 아니하느니라 사람마다 불로써 소금 치듯 함을 받으리라

욥 18:14, 그가 의지하던 것들이 장막에서 뽑히며 그는 공포의 왕에게로 잡혀가고

눅 16장에는 부자와 거지 나사로의 사후 세계를 증거하는 말씀이 있다. 부자는 음부에서 물 한 모금도 얻어먹을 수 없는 곳에서 고통당하고 있다.

4. 죄인을 구원하시려 예수님이 오셨다

예수라는 이름의 뜻은 자기 백성을 저희 죄에서 구원할 자이시다.(마 1:21)

요 3:16, 하나님이 세상을 이처럼 사랑하사 독생자를 주셨으니 이는 그를 믿는 자마다 멸망하지 않고 영생을 얻게 하려 하심이라

5. 예수님은 십자가에 못 박혀 우리 죄 문제를 해결해 주셨다.(살전5:10)

주님께서는 죽음(사망)을 이기시고, 부활하셨다(마 285-6)

6. 예수를 믿으면 구원을 받는다

요 3:36, 아들을 믿는 자에게는 영생이 있고

요 3:15, 이는 그를 믿는 자마다 영생을 얻게 하려 하심이니라

요 10:28, 내가 그들에게 영생을 주노니 영원히 멸망하지 아니할 것이요 또 그들을 내 손에서 빼앗을 자가 없느니라

예수님을 구주로 믿으면 하나님의 자녀가 된다.

7. 잘못하면 징계를 받는다

징계 받을 때는 즉시 상한 심령으로 회개해야 한다.(시 32:5)

8. 구원받은 자에게 성령을 선물로 주신다

성령은 삼위일체 하나님 중 한 분으로서 예수님을 믿고 구원 받은 자에게 확신을 갖도록 감화, 감동, 인치는 일을 하신다.

성령을 받으면 권능을 받고, 예수 그리스도를 믿게 된 것에 감사하게 되고, 예수 그리스도가 구세주이심을 증거 하게 된다.(엡 4:30)

> 엡 5:18, 술 취하지 말라 이는 방탕한 것이니 오직 성령으로 충만함을 받으라

9. 신앙의 성장과 열매 맺는 생활이 있게 된다

> 골 1:6, 이 복음이 이미 너희에게 이르매 너희가 듣고 참으로 하나님의 은혜를 깨달은 날부터 너희 중에서와 같이 또한 온 천하에서는 열매를 맺어 자라는도다

> 갈 5:22-23, 오직 성령의 열매는 사랑과 희락과 화평과 오래 참음과 자비와 양선과 충성과 온유와 절제니 이같은 것을 금지할 법이 없느니라

선한 일을 많이 하자

요한복음 5:24-29

I. 예수님은 선한 일만 하셨다

예수님은 선한 일을 하시려고 이 땅에 오셨다.

① 악한 어두운 세상에 밝은 빛으로 오셨다.

요 1:5, 빛이 어둠에 비치되 어둠이 깨닫지 못하더니

9절, 참 빛 곧 세상에 와서 각 사람에게 비추는 빛이 있었나니

그 빛은 바로 인류의 구세주 예수님이시다.

② 자신을 선한 목자라고 하셨다.

요 10:11-15, 나는 선한 목자라 선한 목자는 양들을 위하여 목숨을 버리거니와 삯꾼은 목자가 아니요 양도 제 양이 아니라 이리가 오는 것을 보면 양을 버리고 달아나나니 이리가 양을 물어가고 또 헤치느니라 달아나는 것은 그가 삯꾼인 까닭에 양을 돌보지 아니함이나 나는 선한 목자라 나는 내 양을 알고 양도 나를 아는 것이 아버지께서 나를 아시고 내가 아버지를 아는 것 같으니 나는 양을 위하여 목숨을 버리노라

③ 선한 선생님이셨다

어떤 관리가 예수님을 향해 "선한 선생님이여 내가 무엇을 하여야 영생을 얻으리이까"라고 물었다.(눅 18:18)
이에, 예수님께서 가르쳐 주셨다.
- 계명을 잘 지키라.
- 가난한 자들에게 구제하라.
- 나(예수님)를 따르라.
예수님은 병든 자를 만나는 대로 고쳐주셨고, 예수님은 마음에 병든 자 죄인까지도 다 해결해 주셨다. 죽은 자까지도 살려내셨다.
- 야이로의 딸, '달리다굼' 하시고 살리셨다(눅 8:52-56)
- 나인 성 과부의 아들 청년을 살리셨다.(눅 7:11-16)
- 죽은 나사로를 살리셨다.(요 11:43-44)

2. 마귀, 사탄, 귀신은 악한 일만 한다
마귀, 사탄, 귀신은 더러운 영물이다.

① 창 3:1-15
사탄은 뱀의 모양으로 나타나 아담과 하와를 유혹하여 죄를 짓게 하였다. "따 먹지 말라 먹으면 정녕 죽으리라"(창 2:17)는 선악과를 따 먹게 하여 죄를 짓게 하고 에덴동산에서 추방당하게 하고 죽음을 초래하게 하였다. 신구약 전체에서 사탄, 마귀, 귀신은 하나님의 뜻을 방해하고, 예수를 믿지 못하게 하고 사람을 유혹하여 불의를 행하게 하고 죄짓게 하고 멸망으로 이끌어 가려고 하는 것이다.

② 욥기를 보자.

욥 1:6-11, 하루는 하나님의 아들들이 와서 여호와 앞에 섰고 사탄도 그들 가운데에 온지라 여호와께서 사탄에게 이르시되 네가 어디서 왔느냐 사탄이 여호와께 대답하여 이르되 땅을 두루 돌아 여기저기 다녀왔나이다. 여호와께서 사탄에게 이르시되 네가 내 종 욥을 주의하여 보았느냐 그와 같이 온전하고 정직하여 하나님을 경외하며 악에서 떠난 자는 세상에 없느니라 사탄이 여호와께 대답하여 이르되 욥이 어찌 까닭 없이 하나님을 경외하리이까 주의 손을 펴서 그의 모든 소유물을 치소서 그리하시면 틀림없이 주를 향하여 욕하지 않겠나이까

욥은 사탄 때문에 엄청난 시험을 당하게 된다. 사탄, 마귀, 귀신은 하나님의 사람을 유혹하고 죄짓게 하고 멸망시키려 하고 하나님을 떠나게 하는 악한 영물이다. 그러므로 사탄의 유혹에 빠지지 말아야 한다.

엡 611, 마귀의 간계를 능히 대적하기 위하여 하나님의 전신갑주를 입으라

③ 예수님도 마귀의 유혹을 세 번이나 받으셨다.

예수님 40일 금식하신 때에 받으셨다.

마 4:1-11, 네가 만일 하나님의 아들이어 든 명하여 이 돌들로 떡덩이가 되게 하라 성전 꼭대기에 세우고 이르되 네가 만일 하나님의 아들이어든 뛰어 내리라

③ "지극히 높은 산으로 가서 천하만국과 그 영광을 보여 이르되 만일 내게 엎드려 경배하면 이 모든 것을 네게 주리라"고 하였다. 마귀는 하나님의 아들 예수에게까지 나타나 죄를 짓게 하려고 유혹하였다. 그러나 예수님은 말씀으로 모두 승리하셨다.

약 4:7, 너희는 하나님께 복종할지어다 마귀를 대적하라 그리하면 너희를 피하리라

3. 우리는 선한 일을 많이 해야 한다

① 그리스도 안에서 선한 일을 하도록 지음을 받았다.

엡 2:10, 우리는 그의 만드신 바라 그리스도 예수 안에서 선한 일을 위하여 지으심을 받은 자니 이 일은 하나님이 전에 예비 하사 우리로 그 가운데서 행하게 하려 하심이니라

딛 2:14, 우리를 깨끗하게 하사 선한 일을 열심히 하는 자기 백성이 되게 하려 하심이라

② 선한 일을 하면 하나님께는 영광, 후손은 복을 받고, 자신은 보상을 받는다.

마 5:14-16, 너희 빛이 사람 앞에 비취게 하여 그들로 너희 착한 행실을 보고 하늘에 계신 너희 아버지께 영광을 돌리게 하라

아브라함 이삭, 야곱, 요셉 족장들은 모두 선한 일을 힘써 하셨고 그 후손은 번창하고 복을 받았다.

단 12:3, 많은 사람을 옳은 데로 돌아오게 한자는 별과 같이 영원토록 빛나리라

구원의 복을 받은 자

요한복음 5:24

1. 창조주 하나님

창 1:1, 태초에 하나님이 천지를 창조하시니라

기독교는 '전능하사 천지를 창조하신 하나님'을 믿는 종교이다. 누구든지 그리스도인이 되고 영생복락을 얻으려면 하나님이 계신 것을 믿어야 한다.

히 11:6, 믿음이 없이는 기쁘시게 하지 못하나니 하나님께 나아가는 자는 반드시 그가 계신 것과 또한 그가 자기를 찾는 자들에게 상주시는 이심을 믿어야 할지니라

히 3:4, 집마다 지은 이가 있으니 만물을 지으신 이는 하나님이시라

사 44:24, 나는 만물을 지은 여호와니라

하나님은 사람을 창조하시되 하나님의 형상과 하나님의 모양대로 지으셨다.(창 12:6) 그리고 복을 주셨다. 생육하고, 번성하며, 땅에 충만하라, 땅을 정복하라, 모든 생물을 다스리라고 하셨다. 하나님은 창조하신 온 세상을 보전하시고, 섭리하시고 통치하신다.

2. 사람은 하나님 앞에서 죄인이다

최초의 인류 조상 아담과 하와가 에덴동산 중앙에 있는 선악과를 따먹지 말라는 하나님과의 약속을 어기고 따 먹으므로 죄를 지었다.(창 2:17, 36)

에덴에서 쫓겨난 아담과 하와에게 죽음이 오게 되었고, 그 죄 값은 오,늘 온 인류에게도 미치게 되었다.

>롬 3:10, 기록된 바 의인은 없나니 하나도 없으며

>요일 1:8-10, 만일 우리가 죄가 없다고 하면 스스로 속이고

3. 죄 있는 인생 죽어가는 곳, 지옥세계가 있다

죄 값으로 온 인류가 죽음에 처해졌다.

>롬 6:23, 죄의 삯은 사망이요 하나님의 은사는 그리스도 예수 우리 주 안에 있는 영생이니라

죽음은 끝이 아니다. 사람은 육체와 영혼으로 구성되어 있는데 육체는 죽어 흙으로 돌아가지만 영혼은 영생 불사한다. 우리의 주인공 영혼이 육체를 떠나가는 곳이 있다. 지옥과 천국이다. 지옥에 가는 자는 악인이 간다.

>욥 18:14, 그가 의지하던 것들이 장막에서 뽑히며 그는 공포의 왕에게로 잡혀가고

>시 9:17, 악인들이 음부(지옥)로 돌아감이여 하나님을 잊어버린 모든 이방 나라들이 그리 하리로

지옥은 유황 불못이다.

>계 21:8, 두려워하는 자들과 흉악한 자들과 살인자들과 음행하는 자들과 점술가들과 우상숭배자들과 모든 거짓말하는 자들은 불과 유황으로 타는 못에 던져지리니 이것이 둘째 사망이라

지옥은 영원토록 고통당한다. 죽고 싶어도 죽지 않는다.

>막 9:48-49, 거기는 구더기도 죽지 않고 불도 꺼지지 아니하느니라 사람마다 불로써 소금 치듯 함을 받으리라

4. 구원의 길이 있다.

죄로 인하여 죽음과 저주 아래 있던 인간세계에 구세주가 나타나셨다.

> 요 3:16, 하나님이 세상을 이처럼 사랑하사 독생자를 주셨으니 이는 그를 믿는 자마다 멸망하지 않고 영생을 얻게 하려 하심이라

예수는 자기 백성을 저희 죄에서 구원할 자(마 1:21)로 이 세상에 오셨다. 세례 요한은 예수님을 보고 세상 죄를 지고 가는 하나님의 어린 양이라고 증거하였다.(요 1:29)

예수님은 온 인류의 죄(너의 죄, 나의 죄) 다 씻어 주시려고 십자가에 못 박혀 죽으셨다.(고전 1:23, 2:2) 무덤에서 예수님은 다시 사셨다. 40일간 부활하신 모습을 보이시고 승천하셨다.

> 고전 15:3-4, 성경대로 그리스도께서 우리 죄를 위하여 죽으시고 장사 지낸 바 되셨다가 성경대로 사흘 만에 다시 살아나사

> 행 1:3, 그가 고난 받으신 후에 또한 그들에게 확실한 많은 증거로 친히 살아 계심을 나타내사 사십일 동안 그들에게 보이시며 하나님 나라의 일을 말씀하시니라

5. 예수를 구주로 믿으면 천국 간다

우리 죄를 담당하시고 십자가에 못 박혀 죽으셨다가 다시 부활하신 예수님을 믿는 자에겐 하나님께서 큰 은혜와 긍휼을 베풀어 주신다. 이 큰 은총은 예수님께서 십자가에서 피 흘려 죽으신 공로 때문에 주어지는 것이다. 이를 대속의 공로라고 한다. 예수를 구주로 믿으면 영생을 얻는다.

> 요 3:36, 아들을 믿는 자에게는 영생이 있고 아들에게 순종하지 아니하는 자는 영생을 보지 못하고 도리어 하나님의 진노가 그 위에 머물러 있느니라

> 요 10:28, 내가 그들에게 영생을 주노니 영원히 멸망치 아니할 것이요

또 그들을 내 손에서 빼앗을 자가 없느니라

6. 구원받은 후 살아가면서 범죄하면 징계를 받는다

징계란? 구원받은 하나님의 자녀가 범죄 하였을 때 하나님께로부터 받는 벌을 가리킨다.

> 히 12:6, 주께서 그 사랑하시는 자를 징계하시고 그가 받아들이시는 아들마다 채찍질하심이라

징계 받을 때 어떻게 해야 할까? 회개해야 한다.(시 3:25)

7. 구원받은 자에게 성령을 선물로 주신다

성령은 하나님의 신 예수의 영이시다. 예수님은 성령을 보혜사라 하시고 우리를 지키시도록 하신다고 하셨다.(요 16:7-13) 성령이 임하시면 권능을 받아 성령의 열매를 맺는다.(갈 522) 성령이 임하시면 예수의 복음을 선도하는 자가 된다.(행 18)

예수님은 생명의 떡이다

요한복음 6:32-40

1. 만나는 육신의 양식이다

B.C. 1450년경에, 이스라엘 민족이 애굽에서 430년간 노예생활을 하다가 민족의 지도자 모세의 인솔 하에 출애굽하여 약속의 땅 가나안을 향해 행진을 하였다. 그들은 시나이반도를 통과하며, 40년간 걷고 또 걸어서 나그네 길을 가야만 했다.

그들은 한곳에 정착하여 농사를 지어 육신의 양식을 마련할 수가 없었다. 출애굽 할 때 갖고 나온 무교병이란 떡은 일주일도 못가서 다 먹고 없어졌다. 사람은 먹어야 사는데 농사도 짓지 않았고, 배급할 곳도 없고 어디에서 양식을 구해야 할까? 백성들은 굶어죽겠다고 아우성이다.

> 출 16:3, 모세와 아론을 원망하여 가로되 우리가 애굽 땅에서 고기 가마 곁에 앉았던 때와 떡을 배불리 먹던 때에 여호와의 손에 죽었더라면 좋았을 것을 너희가 이 광야로 인도하여 내어 이 온 회중이 주려 죽게 하는도다 이때에 하나님께서 모세에게 이르시되

> 4:2, 보라 내가 너희를 위하여 하늘에서 양식을 비같이 내리리니 백성이 나가서 일용할 양식을 거둘 것이라

그 양식은 이슬이 마른 후에 광야지면에 작고 둥글며 서리같이 세미한 것인데 그것을 거두어 굽기도 하고, 삶기도 하고 볶아도 먹었다.(출16:23) 만나는 모세가 준 것이 아니라 하나님이 주신 양식이다. 그런데 만나를 먹었던

당시 사람들은 다 죽었다.

2. 예수님은 하나님께서 보내주신 생명의 떡이시다

성만찬은 예수님께서 예수 믿는 성도들에게 영생을 살 수 있는 하늘의 양식' 영혼의 양식, 생명의 떡을 먹고 마시게 하는 것이다.

> 요 6:32-33, 오직 내 아버지가 하늘에서 내린 참 떡을 주시나니 하나님의 떡은 하늘에서 내려 세상에서 생명을 주는 것이니라

예수님 자신은 곧 하나님께서 세상에 보내주신 생명의 떡이시다. 이 말씀을 들었던 많은 군중들이 생명의 떡이라고 하는 주님의 말씀이 끝나자 그 떡이 먹고 싶었던 것이다.

> 요 6:34, 저희가 가로되 주여 이 떡을 항상 우리에게 주소서

요청을 하였다. 그런데 그 떡은 육신의 양식이 아닌 영혼의 양식이다. 예수님 자신이 떡이라는 것이다. 이에, 예수님은 "내가 곧 생명의 떡이로다"하셨다. 계속하여 예수님은 "내게로 오는 자는 결코 주리지 아니 할 터이요 나를 믿는 자는 영원히 목마르지 아니하리라."(요 6:35)라고 하셨다.

3. 생명의 떡을 먹는 방법은 예수님을 믿는 것이다

예수님을 믿는 자는 영혼의 양식 영생의 떡 생명의 떡을 먹는 것이 된다. 예수님께서 말씀하셨다.

> 요 6:36-40, 너희는 예수님을 보고도 믿지 아니하는구나

그러나 하나님 아버지의 구원의 예정과 섭리 속에 작정되고 택한 자는 다 예수님을 구원의 주로 믿게 된다. 우리가 예수를 구세주로 믿는 것은 곧 영생을 얻었다는 증거이다.

> 요 5:24, 내가 진실로 진실로 너희에게 이르노니 내말을 듣고 또 나 보

내신 이를 믿는 자는 영생을 얻었고 심판에 이르지 아니하나니 사망에서 생명으로 옮겼느니라

요 6:29, 하나님의 보내신 자 예수를 믿는 것은 하나님의 일이니라
"하나님의 뜻은 아들을 보고 믿는 자마다 영생을 얻는 것이라"(요 640)고 하셨다. 예수 믿으면 생명의 떡 영혼의 양식, 영생의 떡을 먹는 것이 된다.

4. 학습, 세례, 유아세례 성만찬은 신앙생활에 유익을 주는 예식이다.
중요한 것은 참으로 내가 예수를 믿고 있는가? 형식적으로 교회만 다니는가를 진단하는 일이 필요하다.

① 학습은 예수 믿기로 작정하고 교회출석을 6개월간 잘 하고 만14세 이상 된 성도들에게 문답을 한다.
- 사람의 제일 되는 목적은 무엇입니까?
답: 하나님을 영화롭게 하고 영원토록 하나님을 즐거워하는 것이다.
- 하나님은 몇 분이십니까?
답: 하나님은 오직 한분이십니다. 그리고 성부, 성자 성령 삼위일체가 되시다.
- 하나님은 언제부터 계십니까?
답: 영원 전부터 영원까지 계시고 스스로 계십니다.
주기도문과 사도신경을 외우도록 한다.

② 학습 받은 후 6개월 교회출석을 잘 한 성도에게 세례문답을 한다. -하나님을 어떻게 알 수 있습니까?
답: ㉮ 일반계시인 자연만물을 통하여 할 수 있습니다.
   ㉯ 특별계시인 성경을 통해 알 수 있습니다.

- 죄에는 몇 가지 종류가 있습니까?

답: 아담이 지은 원죄와 우리가 지은 자범죄가 있습니다.

- 예수님은 누구이십니까?

답: 하나님의 아들이시오 우리의 구원자이십니다.

- 세례의 뜻은 무엇입니까?

답: 죄를 씻는다는 뜻입니다.

③ 성만찬은 세례 받은 성도가 참석하는 권리이다.

떡은 예수님의 몸을 포도즙은 예수님의 피를 의미한다. 떡과 잔을 믿고 마시면 예수님의 DNA가 내 체내에, 우리의 영혼에 있게 된다. 할렐루야. 성만찬은 시청각 설교이다. 우리를 이토록 사랑해 주시는 예수님께 감사드린다.

3·1 운동은 자유를 얻기 위한 진리운동

요한복음 8:31-36

I. 힘이 없으면 자유를 잃게 된다

시 18:1 -, 나의 힘이 되신 여호와여 내가 주를 사랑하나이다

다윗은 원수 사울 왕의 손에서 구원 받고 이 노래로 여호와께 감사의 시를 썼다. 힘이 없으면 종이 된다.

요 8:34, 예수께서 대답하시되 진실로 진실로 너희에게 이르노니 죄를 범하는 자마다 죄의 종이라

힘에는 몇 가지 종류의 힘이 있다.

체력: 건강의 힘이다.

건강을 잃으면 질병이 침범하여 쇠약하게 만든다. 요즘, 암으로 사망하는 분이 많으시다. 체력이 건강하면 암의 균을 이겨낸다. 체력이 약하면 암 균이 자리를 잡고 온 몸으로 전이된다.

지력: 아는 것이 힘이다.

우리나라가 발전한 것은 세종대왕이 만드신 한글을 기독교인들이 사용 발전 보급 시켰기 때문이다. 행복노인 대학 어르신들 중에 한글을 배우지 못한 분이 있다. 한글 반에서 공부하여 편지까지 쓸 수 있게 되자 얼마나 기

뻐하시는지 과학 최첨단 정보기술로 하루하루 변화 발전되어 가는 신지식 새로운 고도의 정보, 아는 것이 힘이다. 북한에서 미사일 준비하는 것을 고도의 정찰 위성으로 포착해서 알려주는 신기술은 정보권력이다.

금력: 돈의 힘이다.
그러나 당시에, 우리나라는 힘이 없었다. 힘이 있는 일본에게 노예가 된 것이다.

성도들에게는 한 가지 더 소중한 힘이 있어야 한다. 그것은 영력이다. 신앙의 힘이다. 하나님이 나의 힘이 되어 주시는 신앙의 힘, 당시 우리나라는 무속신앙, 샤머니즘에 빠져 있었다. 다행히도 1884년 4월 부활주일에 언더우드 선교사와 아펜셀라 선교사가 입국 1919년 3·1운동 때 외국 선교사가 400명이나 있었고 이들 선교사들이 3·1운동 때의 참상을 사진 찍고, 글을 써서 본국에 전송하여 외국에까지 알려졌다는 것이다. 신앙의 힘이 있어야 죄의 종이 되지 않는다.

2. 진리를 알지니 진리가 자유롭게 한다
진리는 하나님의 말씀이다. 진리는 예수 복음이다.

　요 14:6-내가 곧 길이요 진리요 생명이니

예수님을 알고 모시고 믿으면 악한 원수 마귀는 한 길로 왔다가 일곱 길로 도망가게 된다.

　엡 6:11-14, 마귀의 간계를 능히 대적하기 위하여 하나님의 전신 갑주를 입으라 우리의 씨름은 혈과 육을 상대 하는 것이 아니요 통치자들과 권세들과 이 어둠의 세상 주관자들과 하늘에 있는 악의 영들을 상대함이라 그러므로 하나님의 전신 갑주를 취하라 이는 악한 날에 너

희가 능히 대적하고 모든 일을 행한 후에 서기 위함이라 그런즉 서서
진리로 너희 허리 띠를 띠고 의의 호심경을 붙이고

자유가 얼마나 소중한가? 자유에 반대는 구속, 억압이다.
3·1운동은 신앙의 선조 애국지사들이 일본의 강압에 구속당하고 자유를 잃게 되어 체념 하고 있었는데 예수님의 말씀, "진리가 너희를 자유롭게 하리라"는 말씀에 기초하여 함을 얻어 자유를, 독립을 찾는 부르짖음을 외치게 되었다. 비록 독립과 자유를 찾지 못 하였으나 싸를 뿌린 계기가 되어 1945년 해방의 열매를 가져오게 하였다.
오늘, 경제난국이 우리의 자유를 빼앗아 가려고 한다. 이때 우리는 하나님을 더욱 의지하는 신앙의 힘, 영력으로 부흥의 바람을 일으키자.

세족식과 성만찬

요한복음 13:3-17, 마가복음 14:22-26

1. 세족 예식과 유월절

예수님은 유월절 예식을 잘 알고 계셨다. 유월절은 이스라엘 민족이 애굽에서 430년간 노예생활을 하다가 하나님의 초자연적 은혜로 출애굽을 하는 해방기념 절기이다.

유월절에는 모든 누룩을 제거한다. 어린 양을 잡아 그 피를 문인방과 설주에 바르고 그 밤에 무교병과 양고기를 구워 쓴 나물과 함께 먹었다.(출 12:7-11, 15) 누룩은 죄를 상징하고, 제거하는 것은 회개하는 것이다. 정결케 하는 것이다.

어린 양은 예수님이시다.

> 요 1:36, 보라 세상 죄를 지고 가는 하나님의 어린 양이로다.

세례 요한의 증언이었다. 피를 문인방과 문설주에 바르니까 장자의 죽음의 재앙을 면할 수 있었다.

> 출 12:13, 내가 애굽 땅을 칠 때에 그 피가 너희가 사는 집에 너희를 위하여 표적이 될지라 내가 피를 볼때에 너희를 넘어 가리니 재앙이 너희에게 내려 멸하지 아니하리라

예수님은 먼저 제자들의 발을 씻기는 섬기는 모습의 본을 보여 주셨다. 이

것을 세족예식이라고 한다. 세족예식은 예수님이 제자들의 발을 씻어 주신 예식이다. 유월절 음식을 먹으려면 먼저 손을 씻고 발을 씻어야 한다. 예수님께서 제정하신 성만찬에 참여하려면 먼저 우리의 죄를 회개하여야 한다. 세족예식은 죄를 회개하는 예식이다. 학습을 받은 자가 6개월 후에 세례를 받고, 세례 받은 자가 성만찬에 참예할 수 있는 것이다.

세례가 무엇인가? 죄를 씻는다는 뜻이다. 구약시대에서는 할례와 유월절 행사였다. 신약시대에서는 세례와 성찬이다.

세례는 예수 그리스도와 연합된 표적이요 인치심의 표적이다.

> 고전 11:27~29, 그러므로 누구든지 주의 떡이나 잔을 합당하지 않게 먹고 마시는 자는 주의 몸과 피에 대하여 죄를 짓는 것이니라 사람이 자기를 살피고 그 후에야 이 떡을 먹고 이 잔을 마실지니 주의 몸을 분별하지 못하고 먹고 마시는 자는 자기의 죄를 먹고 마시는 것이니라

그러므로 성만찬 전에 세례식을 베푸는 것이다. 주님의 성체를 먹고 주님의 피를 마시기 전에 세족 예식을 거행하신 주님이시다. 우리의 교만, 경쟁심, 질투심, 적개심, 거짓말 한 일, 욕심 부리고 남을 저주했던 각종 오염 된 죄를 씻어 회개하자.

2. 세족하는 자를 복되다, 축복하신 예수님이시다

> 요 13.12, 내가 주와 또는 선생이 되어 너희 발을 씻었으니 너희도 서로 발을 씻어 주는 것이 옳으니라

> 15절, 내가 너희에게 행한 것 같이 너희도 행하게 하려 하여 본을 보였노라

> 17절, 너희가 이것을 알고 행하면 복이 있으리라

예수님은 만왕의 왕이시다.(요 18.37) 도마는 예수님 부활을 확인한 후에,

"나의 주님이시요 나의 하나님이시니이다."(요 20:28)라고 고백하였다.
우리는 예수님의 겸손을 배워야 한다. 섬김을 받으려함이 아니라 도리어 섬기려(마 20:28) 하시고, 그의 제자들을 구원하시려고 천한 일, 종들이 하는 일, 발을 씻기는 섬김의 본을 보이셨다. 예수님 자신 스스로 실전의 모범을 보여주셨다.

그리고 이것을 알고 행하면 복이 있다고 축복의 언약까지 해 주셨다.

> 마 25:40, 너희가 내 형제 중 지극히 작은 자 하나에게 한 것이 곧 내게 한 것이니라

> 요 13:14, 너희도 서로 발을 씻어 주는 것이 옳으니라

3. 성만찬 예식

성만찬은 예수님의 몸과 피를 기념하는 예식이다.(고전 11:23-25)

① 떡은 예수님의 몸을 기념한다.

> 고전 11:24, 이것은 너희를 위하는 내 몸이니

> 사 53:4-6, 그는 실로 우리의 질고를 지고 우리의 슬픔을 당하였거늘 우리는 생각하기를 그는 징벌을 받아 하나님께 맞으며 고난을 당한다 하였노라 그가 찔림은 우리의 허물 때문이요 그가 상함은 우리의 죄 때문이라 그가 징계를 받으므로 우리는 평화를 누리고 그가 채찍에 맞으므로 우리는 나음을 받았도다 우리는 다 양 같아서 그릇 행하여 각기 제 길로 갔거늘 여호와께서는 우리 모두의 죄악을 그에게 담당시키셨도다

② 포도즙은 예수님의 피를 기념한다.

> 마 26:27-28, 또 잔을 가지사 감사 기도하시고 그들에게 주시며 이르

시되 너희가 다 이것을 마시라 이것은 죄 사함을 얻게 하고 많은 사람을 위하여 흘리는 바 나의 피 곧 언약의 피니라

눅 22:20, 잔도 그와 같이 하여 이르시되 이 잔은 내 피로 세우는 새 언약이니 곧 너희를 위하여 붓는 것이라

요 6:53-55, 인자의 피를 마시지 아니하면 너희 속에 생명이 없느니라 내 살을 먹고 내 피를 마시는 자는 영생을 가졌고 마지막 날에 내가 그를 다시 살리리니 내 살은 참된 양식이요 내 피는 참된 음료로다.

4. 성찬과 공동체

주 안에서 신앙을 고백하고 십자가 보혈로 죄 씻음 받은 너와 나는 예수님의 지체요, 한 공동체이다.

엡 2:19, 이제부터는 너희는 외인도 아니요 나그네도 아니요 오직 성도들과 동일한 시민이요 하나님의 권속이라

성찬이란 '한 밥상공동체'의 일원임을 감사하자. 예수님의 희생적 사랑과 섬김이 오늘, 우리에게 천국공동체 되게 하셨다.

헌신봉사의 모델 예수님

요한복음 13:1-17

1. 제자들의 마음을 사로잡은 예수님의 헌신적인 봉사

최후 만찬 자리에는 배신자 가룟 유다도 있었지만 예수님은 자기 사람들을 사랑하시되 끝까지 사랑하셨다.(요 13:1-2) 예수님은 제자들의 발을 씻기는 세족식을 거행하셨다.

> 요 13:4~11, 저녁 잡수시던 자리에서 일어나 겉옷을 벗고 수건을 가져다가 허리에 두르시고 이에 대야에 물을 담아 제자들의 발을 씻기시고 그 두르신 수건으로 씻기기를 시작하여

예수님의 세족식이 오늘날 섬기는 훈련에 많이 실행되고 있다. '두란노 아버지학교 졸업시간'에는 아내를 초청하여 남편이 아내의 발을 씻겨주고 "여보 당신을 사랑한다." 란 말을 하며 허깅(껴안고 등을 다독거림)을 하면 아내는 감동 감격하여 눈물을 흘리며 좋아한다.

예수님은 제자들의 마음을 완전히 사로잡았다. 그들은 자신들의 더러운 발까지 사랑하며 씻어주는 스승 예수님을 일평생 잊을 수가 없게 된 것이다. 제자들은 자신들의 더러운 발까지 사랑하며 씻어주는 스승 예수님을 일평생 잊을 수가 없게 되었다.

겟세마네 동산, 빌라도 법정, 골고다 언덕에서의 십자가의 죽음을 바라보고 무섭고 두려워 일시 피신했던 제자들이다. 그들이 예수님의 부활 후 다시 모여 회개하고 기도하여 주 예수님의 분부를 수행하여 모두가 순교의

제물이 될 수 있었던 것은 예수님께서 헌신, 봉사, 친절하게 발을 씻겨주시던 그때 감동 받은 마음이 없어지지 않았기 때문이다.

> 요 13:7, 예수께서 대답하여 가라사대 나의 하는 것을 네가 이제는 알지 못하나 이후에는 알리라

사람의 마음을 사로잡는 비결을 예수님은 실천적인 가르침으로 우리에게 교훈하셨다.

> 요 13:12, 저희 발을 씻기신 후에 옷을 입으시고 다시 앉아 저희에게 이르시되 내가 너희에게 행한 것을 너희가 아느냐
>
> 13절, 너희가 나를 선생이라 또는 주라 하니 너희 말이 옳도다 내가 그러하다
>
> 14절, 내가 주와 또는 선생이 되어 너희 발을 씻겼으니 너희도 서로 발을 씻기는 것이 옳으니라
>
> 15절, 내가 너희에게 행한 것같이 너희도 행하게 하려 하여 본을 보였노라

2. 예수님의 온유, 겸손의 모습을 보여 주셨다

예수님의 성품을 잘 나타낸 말씀이 있다.

> 마 11:29, 나는 마음이 온유하고 겸손 하니 나의 멍에를 메고 내게 배우라 그리면 너희 마음이 쉼을 얻으리니

예수님의 온유, 겸손의 가르침을 받았던 제자들은 예수님을 닮지 못하였다. 오히려 높은 자리에 앉기를 소망하였다.

야고보와 요한은 "주님의 나라에 오른 편과 좌편에 앉게 하여 주소서."라고 요청하였고 다른 열 제자들은 그 소리를 듣고 분개하였다.(막 10:41) 그러던 제자들도 예수님은 스승이시며, 섬김을 받으셔야 할 주님이신데 자신

들의 발을 씻기시는 겸손의 모습을 보고 크게 깨달았다.
예수님의 겸손의 모습을 잘 나타낸 성경구절이 있다.

> 빌 2:6-8, 그는 근본 하나님의 본체시나 하나님과 동등 됨을 취할 것으로 여기지 아니하시고 오히려 자기를 비어 종의 형체를 가지 사람들과 같이 되었고 사람의 모양으로 나타나셨으매 자기를 낮추시고 죽기까지 복종하셨으니 곧 십자가에 죽으심이라

아, 예수님은 만왕의 왕이시다. 하나님의 아들이시다. 심판주가 되는 주님이시다. 그런데 죄인을 위해 무릎을 꿇으시고 더러운 인간의 발을 씻기시는 겸손, 섬기심을 모델로 보여주셨다.

3. 예수님의 봉사의 성격을 배우자

① 예수님은 제자의 발을 씻어 주시던 시간을 활용하셨다.

> 요 13:1, 유월절 전에 예수께서 자기가 세상을 떠나 아버지께로 돌아가실 때가 이른 줄 아시고 세상에 있는 자기 사람들을 사랑 하시되 끝까지 사랑하시니라

예수님은 가난한 자, 소외된 자, 병든 자를 위해 일평생을 보내신 분이시다. 그러므로 기독교는 생명의 종교라고도 하고 사랑의 종교라고도 한다. 그보다 더 좋은 것은 봉사의 종교임을 자랑으로 생각한다.
예수님은 특별히 사랑하는 제자들을 위해 봉사의 시간을 잘 활용하신 것이다. 유월절 밤이 지나면 다시는 제자들과 조용히 함께 지낼 시간이 없음을 아셨다.
"예수께서 자기가 세상을 떠나 아버지께로 돌아가실 때가 이른 줄을 아시고 봉사할 시간이 이 후에 없을 것을 아셨다."
봉사도 할 시간을 놓치면 할 수 없다. 내일로 미루지 말고 현재 봉사하자.

아무리 힘들고, 어렵더라도 주어진 시간을 활용해야 한다. 내일이면 늦으리

② 타인이 하지 않는 봉사를 예수님은 하셨다.
한평생 한 이불 속에 사는 부부간에도 발 씻어 주는 일은 쉽지 않다. 오늘 집에 가서 예수님처럼 남편의 발을, 아내의 발을, 자녀의 발을, 부모님의 발을 씻어 드려보자. 다른 사람은 하지 않았으나 예수님이 하셨으니 못할 일이 없다. 더러운 것을 깨끗하게 하는 봉사정신을 본받자.

4. 헌신 봉사의 모델 되신 예수님의 교훈이다(요 13:15)
① 봉사는 주님의 분부요 명령이다.
② 성도가 할 본분이요 의무이다.
③ 봉사의 대가는 축복으로 이어진다.(요 13:17)

예수님의 거룩한 습관 섬김을 본받자

요한복음 13:12:-17

1. 겸손하신 예수님이셔서 제자들의 발을 씻기셨다

마 11:29, 나는 마음이 온유하고 겸손하니 나의 멍에를 메고 내게 배우라

주님께서는 선생으로서 겸손하라고 가르치셨지만 제자들은 깨닫지 못하고 저마다 높은 자리다툼을 하였다. 그들은 길을 걸으면서 '누가 크냐는 것으로' 쟁론하였다.(막 9:33-37) 예수님께서 그들에게 말씀하셨다. "누구든지 첫째가 되고자 하면 뭇 사람의 끝이 되며 뭇 사람을 섬기는 자가 되어야 하리라 하시고 어린 아이를 안으시고."

유대의 관습에 따르면 샌들을 신고 다니다가 집으로 들어가게 되면 종들이 집 문 곁에 물동이와 대야를 준비했다가 발을 씻어주었다. 예수님과 제자들이 집에 들어가 저녁을 먹는 자리에서는 누군가 발을 씻어주어야 하였다.

제자들은 자리다툼만 하였지 발 씻는 행동을 아무도 하지 않으니까 예수님이 먼저 서둘러 자신이 행동으로 교훈할 기회로 삼고, 섬김의 본을 보여 주신 것이다. "내가 너희에게 행한 것 같이 너희도 행하게 하려 하여 본을 보였노라."(요 13:15)

발을 씻어 주는 일은 아무나 하는 일이 아니다. 겸손한 마음이 있어야 할 수 있다. 예수님은 만왕의 왕이시오 만주의 주님이시오 만인의 스승이시다.

크로스웨이 성경연구책 66쪽을 보면 왕관을 쓰신 예수님이 제자의 발을 무릎을 꿇고 씻어주셨다. 물도 있고, 대야도 있고, 수건도 있고 제자들도 12명이나 있는데 주님의 발을, 동료들의 발을 씻어 줄자가 없었다. 발을 씻기는 것은 하인 중에 하인이 하는 일이기 때문이다.
그런데 예수님이 발을 씻어 주는 종이 되신 것이다. 오늘, 우리를 향해서 발을 씻길 종을 찾고 계실 주님을 생각해보자.
발을 씻어줄 종(하인)이 누구냐? 발을 씻겨줄 종은 어디 있느냐?
예수님처럼 겸손한 자가 발을 씻어줄 종이 될 수 있다. 겸손한 종이 되어야 주님의 발과 동료들의 발을 씻겨주고 섬길 수가 있다.

> 막 10:45, 인자가 온 것은 섬김을 받으려 함이 아니라 도리어 섬기려 하고 자기 목숨을 많은 사람의 대속물로 주려 함이니라

2, 사랑의 예수님이시기에 발을 씻기시고 섬기는 일을 하셨다

> 요 13:1, 유월절 전에 예수께서 자기가 세상을 떠나 아버지께로 돌아가실 때가 이른 줄 아시고 세상에 있는 자기 사람들을 사랑하시되 끝까지 사랑하시니라

- 예수님의 사랑은 절대적 사랑이시다.

> 롬 5:8, 우리가 아직 죄인 되었을 때에 그리스도께서 우리를 위하여 죽으심으로 하나님께서 우리에 대한 자기의 사랑을 확증하셨느니라

- 예수님의 사랑은 자발적 사랑이시다. 그의 희생과 섬김은 억지가 아닌 자발적 사랑이셨다.
- 예수님의 사랑은 능동적인 사랑이시다. 솔선수범 하신 예수님의 봉사는 예수님의 절대적 사랑과 자발적 사랑과 능동적인 사랑의 정신에서 출발하셨기에 예수님의 모범적 교훈이 섬김의 교시로 우리들 가슴에 받아들이게 되는 것이다.

3. 봉사정신을 보여주심으로 우리로 본받아 수행케 하신다

요 13:14, 내가 주와 또는 선생이 되어 너희 발을 씻었으니 너희도 서로 발을 씻어 주는 것이 옳으니라

17절, 너희가 이것을 알고 행하면 복이 있으리라.

성 프랜시스가 라베르나 산에서 한 기도문, "주님 저는 주님처럼 섬기다가 고난 받아 본 일이 없습니다. 제 몸에는 자국이 없습니다. 저에게도 주님의 고난을 알게 해 주십시오."

그 기도의 응답으로 프랜시스의 손과 발에 5개의 못자국(stigmata) 거룩한 상흔이 생겼다. 우리에게도 일생을 부끄럼 없이 마감하도록 거룩한 섬김의 상흔이 만들어 지도록 하자.

예비해 주신 영원한 처소에 들어갑시다

요한복음 14:1-6

1. 하늘에 영원한 처소를 예비해 놓으셨다

예수님은 우리에게 큰 소망을 주셨다.

> 요 14:1-4, 너희는 마음에 근심하지 말라 하나님을 믿으니 또 나를 믿으라 내 아버지 집에 거할 곳이 많도다 그렇지 않으면 너희에게 일렀으리라 내가 너희를 위하여 처소를 예비하러 가노니 가서 너희를 위하여 처소를 예비하면 내가 다시 와서 너희를 내게로 영접하여 나 있는 곳에 너희도 있게 하리라 내가 가는 곳에 그 길을 너희가 알리라

> 히 9:27, 한 번 죽는 것은 사람에게 정하신 것이요 그 후에는 심판이 있으리니

모세는,

> 시 90:10-12, 우리의 년수가 칠십이요 강건하면 팔십이라도 그 년수의 자랑은 수고와 슬픔뿐이요 신속히 가니 우리가 날아가나이다 누가 주의 노의 능력을 알며 누가 주를 두려워하여야 할대로 주의 진노를 알리이까 우리에게 우리 날 계수함을 가르치사 지혜의 마음을 얻게 하소서

우리 인생의 삶은 이 세상에선 영원을 살 수 없다. 그런데 어리석은 인생들은 영원을 사는 것처럼 생각한다.

2. 영원한 처소에 가려면 예수를 믿어야 한다

행 16:31, 주 예수를 믿으라 그리하면 너와 네 집이 구원을 얻으리라

요 3:16, 하나님이 세상을 이처럼 사랑하사 독생자를 주셨으니 이는 저를 믿는 자마다 멸망치 않고 영생을 얻게 하려 하심이니라

요 5:24, 내가 진실로 진실로 너희에게 이르노니 내 말을 듣고 또 나 보내신 이를 믿는 자는 영생을 얻었고 심판에 이르지 아니하나니 사망에서 생명으로 옮겼느니라

예수님께서는 말씀하시기를, "하나님을 믿으니 또 나를 믿으라 내가 처소를 예비하러 가노니 영접하여 나 있는 곳에 너희도 있게 하리라."(요 14:1-4)고 하셨다.

요 14:6, 예수께서 가라사대 내가 곧 길이요 진리요 생명이니 나로 말미암지 않고는 아버지께로 올 자가 없느니라

예수님을 믿고 주님으로
 영접하면 참된 생명 영생을 얻는다. 심판을 받지 않는다.
달걀에 무정란, 유정란 두 가지가 있는데 무정란은 병아리가 되지 못한다. 유정란만이 병아리로 부화된다. 이와 같이 예수님을 믿으면 유정란처럼 영생의 복, 부활의 복을 받는다.
사랑하는 성도들도 언젠가는 세상을 떠나게 될 죽음이 온다. 영생을 얻고 천국 가는 길은 행위로 되는 것이 아니다.

요 1:12, 영접하는 자 곧 그 이름을 믿는 자들에게는 하나님의 자녀가 되는 권세를 주셨으니

롬 3:24, 그리스도 예수 안에 있는 구속으로 말미암아 하나님의 은혜로 값없이 의롭다 하심을 얻은 자 되었느니라

롬 5:9, 이제 우리가 그 피를 인하여 의롭다 하심을 얻었은즉 더욱 그로

말미암아 진노하심에서 구원을 얻을 것이니

외국여행을 가려면 여권과 비행기 표가 있으면 된다. 목적지에 갈 수 있다. 옷 잘 입고, 못 입고를 보지 않는다. 얼굴 잘 생겼다 못 생겼다. 키가 큰지, 적은 지를 따지지 않는다. 오직 여권과 비행기 표만 있으면 되는 것 같이 천국에 가는 길은 예수님을 믿는 믿음이 있으면 된다.

3. 예수님을 믿는 중에 더 잘 믿자

믿음이 좋으신 앞서간 선배들의 말이다.

- 더 잘 믿을 것을,
- 주의 종을 더 잘 섬길 것을,
- 성도들을 위해 더 봉사할 것을,
- 십일조 생활을 더 잘 할 것을,

그러므로 우리는 병들기 전에, 죽기 전에 예수님을 더 잘 믿자. 예수님은 헌신 봉사, 충성자에게 칭찬하시고 상급도 주신다. 천국 가는 것은 믿음으로 가는 것이지만 천국 가는 것으로 끝나지 말고 상급을 타는 자 되자. 상급은 아무나 타는 것이 아니다.

계 2:10-11, 네가 죽도록 충성하라 그리하면 내가 생명의 면류관을 네게 주리라 귀 있는 자는 성령이 교회들에게 하시는 말씀을 들을지어다

나는 주님의 제자

요한복음 15:8

1. 제자란 어떤 사람일까?
- 스승의 가르침을 받거나 또는 받은 사람, 도제, 문인, 문도, 문제자
- 예수의 가르침을 받아 그의 뒤를 따르는 사람, 특히 선택 되어 예수와 생활을 같이 하고, 그리스도 왕국을 위하여 훈련 받고, 전도에 파견된 열두 제자(마 10:1-4)
- 영어(disciples): 배우다. 문하생 제자, 교사, 스승과 구별 되는 말이며 학습한 내용을 삶에 준행시키고 부착한다는 뜻을 가진다.
- 복음서에서 제자란 '가르침을 받는 사람' 또는 '훈련된 사람'이란 의미를 갖고 있으며 259회 사용되고 있다.
- 제자와 다른 말로 성도란 단어로 쓰일 때도 있는데 그 뜻은 '거룩한 사람, 구별된 사람의 뜻이 있다. 57회가 기록되어 있고 성도는 하나님을 경외하는 신자들에게 사용되었다.

  엡 4:12, 이는 성도를 온전케 하며 봉사의 일을 하게 하며 그리스도의 몸을 세우려 하심이라

- 초대 안디옥 교회에서는 제자들을 그리스도인으로 부르기 시작하였다.

  행 11:26, 만나매 안디옥에 데리고 와서 둘이 교회에 일 년간 모여 있어 큰 무리를 가르쳤고 제자들이 안디옥에서 비로소 그리스도인이라 일컬음을 받게 되었더라

2. '참 포도나무 비유'로 제자도를 교훈하셨다

'참 포도나무 비유'가 주는 교훈이다.

① 예수님과 제자 된 자는 영적으로 신비한 연합(mystical union)을 이루고 있으며, 제자와 예수의 신비한 연합을 이루면 열매를 맺을 수 있고, 열매 맺으면 제자가 된다는 교훈이다.

요 15:4, 내 안에 거하라 나도 너희 안에 거하리라, 5-「나는 포도나무요 너희는 가지니 저가 내 안에, 내가 저 안에 있으면 이 사람은 과실을 많이 맺나니

8절, 너희가 과실을 많이 맺으면 내 아버지께서 영광을 받으실 것이요 너희가 내 제자가 되리라

주님의 "내 제자가 되리라"에서 제자는 예수 믿는 성도 또는 신자, 그리스도인을 지칭한 것이다.

② 예수님으로부터 분리 되면 열매를 맺을 수 없다. 그리고 불신자가 되면, 하나님의 심판을 받게 됨을 경고하고 있다.

요 15:2, 내게 있어 과실을 맺지 아니하는 가지는 아버지께서 이를 제해 버리시고

4절, 가지가 포도나무에 붙어 있지 아니하면 절로 과실을 맺을 수 없음 같이 너희도 내 안에 있지 아니하면 그러하리라

6절, 사람이 내 안에 거하지 아니 하면 가지처럼 밖에 버리워 말라지나니 사람들이 이것을 모아다가 불에 던져사르느니라

"제해 버리시고"와 "모아다가 불에 던져 사른다"는 것은 하나님의 심판을 뜻한다.

> 마 3:10, 이미 도끼가 나무 뿌리에 놓였으니 좋은 열매 맺지 아니하는 나무마다 찍어 불에 던지우리라
>
> 12절, 손에 키를 들고 자기의 타작 마당을 정하게 하사 알곡은 모아 곡간에 들이고 쭉정이는 꺼지지 않는 불에 태우시리라

예수님의 제자가 된다는 것은 예수님을 믿는 자가 되어야 하며, 예수님을 믿으면 구원 얻고 천국 백성 되는 복을 받게 된다.

3. 요한복음 15 장을 근거로 제자란?

① 주님과 관계적인 관점에서 제자란?

그리스도에게 붙어 있는 자, 그리스도에게 속한 자, 그리스도의 흔적을 가진 자이다.

> 갈 6:17, 이후로는 누구든지 나를 괴롭게 말라 내가 내 몸에 예수의 흔적을 가졌노라

그리스도에게 접붙임 바 된 자이다.

> 롬 11:17, 가지 얼마가 꺾여 졌는데 돌감람나무인 네가 그들 중에 접붙임이 되어 참감람나무 뿌리의 진액을 함께 받는 자 되었은즉

② 교육적 관점에서 제자란?

가르침을 받는 자, 훈련 받는 자이다.

> 딤전 4:8, 육체의 연습은 약간의 유익이 있으나 경건은 범사에 유익하니 금생과 내생에 약속이 있느니라

양육 받는 자, 성장하고 성숙한 자이다.

③ 삶, 생활의 관점에서 제자란?

하나님께 영광을 돌리는 자이다.

고전 10:31, 먹든지 마시던지 무엇을 하든지 다 하나님의 영광을 위하여 하라

사랑으로 영향을 끼치는 자이다.

요 15:12-14, 내 계명은 곧 내가 너희를 사랑한 것 같이 너희도 서로 사랑하라 하는 이것이니라 사람이 친구를 위하여 목숨을 버리면 이에서 더 큰 사랑이 없나니 너희가 나의 명하는 대로 행하면 곧 나의 친구라

그리스도 안에서 열매를 맺는 자이다.

요 15:8, 너희가 과실을 많이 맺으면 내 아버지께서 영광을 받으실 것이요 너희가 내 제자가 되리라

리더십을 나타내는 자가 제자이다.

빌 3:17, 형제들아 너희는 함께 나를 본받으라 또 우리로 본을 삼은 것 같이 그대로 행하는 자들을 보이라

살후 3:9, 우리에게 권리가 없는 것이 아니요 오직 스스로 너희에게 본을 주어 우리를 본받게 하려 함이니라

고전 4:16, 그러므로 내가 너희에게 권하노니 너희는 나를 본받는 자가 되라

살전 1:6-7, 너희는 많은 환난 가운데서 성령의 기쁨으로 도를 받아 우리와 주를 본받은 자가 되었으니 너희가 마게도냐와 아가야 모든 믿는 자의 본이 되었는지라

부활의 기쁨과 축복

요한복음 20:26-31

1. 세상 사람들의 죽음은 언제부터 시작되었나?

롬 5:12, 한 사람으로 말미암아 죄가 세상에 들어오고 죄로 말미암아 사망이 왔나니 이와 같이 모든 사람이 죄를 지었으므로 사망이 모든 사람에게 이르렀느니라.

그 한 사람은 인류의 조상 아담이다. 그 사람 아담이 선악과를 따먹자 하나님께서 진노하셨다.

창 3:17, 내가 너더러 먹지 말라 한 나무 실과를 먹었은즉 땅은 너로 인하여 저주를 받고 너는 종신토록 수고하여야 그 소출을 얻으리라

롬 6:23, 죄의 삯은 사망이요

롬 6:16, 죄의 종으로 사망에 이르고

아담 때문에 전 인류가 죽음을 당하게 된 것이다. 이것을 원죄라고 한다.

2. 예수님은 죄 문제 해결을 위해 이 땅에 오셨고, 십자가에 죽으셨다

요일 3:57, 그가 우리 죄를 없이 하려고 나타내신 바 된 것을 너희가 아나니 그에게는 죄가 없느니라

빌 26-8, 그는 근본 하나님의 본체시나 하나님과 동등 됨을 취할 것으로 여기지 아니하시고 오히려 자기를 비어 종의 형태를 가져 사람

들과 같이 되었고 사람의 모양으로 나타나셨으매 자기를 낮추시고 죽기까지 복종하셨으니 곧 십자가에 죽으심이라

십자가에 죽으심은 우리가 아직 죄인 되었을 때에 그리스도께서 우리를 위하여 죽으심으로 자기의 사랑을 확증하셨다.(롬 5:8)

3. 예수님은 부활하심으로 기쁨과 축복을 우리에게 주셨다

예수님은 부활하시자 제자들이 숨어 있는 곳을 찾아가셔서 "너희에게 평강이 있을지어다."(요 20:21)라고 축복하셨다.

- 아버지께서 나를 보내신 것같이 나도 너희를 보내노라(요 20:21)
- 성령을 받으라(요 20:21)
- 너희가 뉘 죄든지 사하면 사하여 질 것이요(요 2023)

죄 사함 받게 되는 기쁨, 죄사하여 지는 비결을 가르쳐주셨다.

예수님은 의심이 많은 도마에게 확신을 주셨다.

> 요 20:26-29, 너희에게 평강이 있을 지어다. 하시고 도마에게 이르시되 네 손가락을 이리 내밀어 내 손을 보고 네 손을 내밀어 내 옆구리에 넣어보라 그리 하고 믿음 없는 자가 되지 말고 믿는 자가 되라

예수님은 도마에게, "너는 나를 본 고로 믿느냐 보지 못하고 믿는 자들은 복 되도다"라고 하셨다.

4. 부활 신앙은 영생으로 이어진다

> 요 20:31, 오직 이것을 기록함은 너희로 예수께서 하나님의 아들 그리스도이심을 믿게 하려 함이요 또 너희로 믿고 그 이름을 힘입어 생명을 얻게 하려 함이니라

> 요 3:16, 하나님이 세상을 이처럼 사랑하사 독생자를 주셨으니 이는 저를 믿는 자마다 멸망치 않고 영생을 얻게 하려 하심이니라